Grazyna Fosar (Hrsg.)
Impulse
für ein erfülltes Leben

Grazyna Fosar (Hrsg.)

Impulse
für ein erfülltes Leben

Mit Beiträgen von
(in der Reihenfolge ihres Auftretens)

Neale Donald Walsch • Olaf Jacobsen
Rüdiger Dahlke • Franz Bludorf
Rupert Sheldrake • Uri Geller
Wulfing von Rohr • Penny McLean
Jo Conrad • Grazyna Fosar

Michaels Verlag

Alle Rechte der Verbreitung, auch durch Film, Funk und Fernsehen, durch Nachdruck, Kopie oder Datenverarbeitungsanlagen aller Art, sind vorbehalten.

© Michaels Verlag 2009

Grazyna Fosar (Hrsg.)
Impulse

Covergestaltung: Angela Prade,
www.pradedesign.com
Satz und Layout: Studio fb authentic

ISBN: 978-3-89539-498-0
1. Auflage Januar 2009

Michaels Verlag
Ammergauer Str. 80
D-86971 Peiting
Tel.: 08861-59018, Fax: 08861-67091
www.michaelsverlag.de
E-mail: mvv@michaelsverlag.de

Inhalt

Vorwort 7

NEALE DONALD WALSCH
Eine Wahl 9

OLAF JACOBSEN
Bewußtsein in Beziehungen 16

RÜDIGER DAHLKE
Medizin für den ganzen Menschen 32

FRANZ BLUDORF
Name und Schicksal 52

RUPERT SHELDRAKE
Hört auf die Tiere 67

URI GELLER
Hast Du Angst vor Deinem eigenen Geist? 74

WULFING VON ROHR
Jeder ist (s)ein Mittelpunkt 83

Olaf Jacobsen
Resonanz in der Partnerschaft 101

Penny McLean
Gebrauchsanweisung für den Umgang mit toten Kamelen 116

Jo Conrad
Visionen schaffen 138

Grazyna Fosar
Die Reise zum Gral 151

Wir verabschieden uns nicht... 166

Vorwort

*Unter allen Besitzungen der Erde ist die,
ein Herz zu haben, die kostbarste.*
　　　　　　　Johann Wolfgang von Goethe

Jeder von uns trägt im tiefsten Innern etwas, was er bereit ist weiterzugeben. Ohne Geld und ohne jede Verpflichtung. Es ist ein Impuls, der *in* unserem *Puls* versteckt ist. Mit jedem Schlag unseres Herzens senden und empfangen wir unterschiedliche Impulse. Sie bilden ein subtiles, feinstoffliches Netz, das uns alle miteinander verbindet. Und wenn wir gelernt haben, auf das eigene Herz zu hören, haben wir eine Chance, in diesem zarten Netz bewußt unseren eigenen Platz zu finden.

Neue kreative Ideen, Impulse der Freude, Hilfe und Trost, Vertrauen, neues Wissen oder ganz einfach unerwartete Möglichkeiten, die sich uns eröffnen, wenn wir die Notwendigkeit, etwas Wichtiges loszulassen, erkannt haben: Die Zahl der Impulse ist unbegrenzt, und es liegt nur an uns, sie wahrzunehmen und im Leben zu benutzen.

Die bekanntesten Sachbuchautoren unserer Tage schreiben in dieser Anthologie. Sie geben uns Impulse aus vollkommen unterschiedlichen Blickwinkeln, die ihrem eigenen persönlichen Background entsprechen: als Therapeuten, Künstler, Naturwissenschaftler, spirituelle Lehrer oder Journalisten. Sie führen mit uns einen persönlichen Dialog über Impulse, die für ein erfülltes Leben wichtig sind. Durch eigene innere Reflexion und Intuition kann jeder von uns neue, wichtige Impulse schaffen, um sie zu fühlen und zu durchleben.

Es ist ganz einfach - sie sind *in* unserem *Puls*.

Berlin, im Herbst 2008

Neale Donald Walsch

Eine Wahl

Meine lieben Freunde überall auf der Welt...
Wie die meisten von Euch wissen, ob ihr nun in meinem Land lebt oder nicht – war 2008 ein Jahr, in dem in den Vereinigten Staaten eine Wahl stattfand. Die meisten Menschen wissen es, egal wo sie leben, weil die Wahl eines US-Präsidenten die ganze Welt betrifft.

Doch es ist noch eine andere Wahl im Gange, und sie beeinflußt ebenfalls die ganze Welt. Und diese Wahl wird abgehalten in allen Wochen aller Monate dieses Jahres und dann in allen folgenden Jahren. Sie wird abgehalten an allen Tagen aller dieser Wochen und in allen Stunden aller dieser Tage.

Tatsache ist, diese Wahl findet in jeder Minute statt. Sie ereignet sich gerade in diesem Moment.

Die Wahl in Deinem Herzen

Gerade jetzt gehst Du zum „Wahllokal" und gibst Deine Stimme ab. Die Wahlurne ist in Deinem Herzen, wo Du wählst, gerade jetzt, was für ein Mensch Du sein willst. Wählst Du die beste Version von Dir, die Du Dir überhaupt vorstellen kannst, oder wählst Du eine geringere Version von Dir aus?

Dies ist die wichtigste Wahl, die je auf diesem Planeten abgehalten werden wird.

Die Entscheidung, daß die Wahl, die jetzt stattfindet, die Zukunft der Menschheit bestimmen wird.

Bitte, laßt es mich jetzt erklären...

In jeder Sekunde jeder Minute jeder Stunde jedes Tages triffst Du eine Entscheidung. Die *„Gespräche mit Gott"* sagen uns, daß „jede Handlung ein Akt der Selbstdefinition ist". Dies ist eine profunde Feststellung, und ihre Wichtigkeit mag vielen Lesern der *„Gespräche mit Gott"* entgangen sein. Es kann, in der Tat, eine der machtvollsten und wichtigsten Feststellungen in den ganzen über 3000 Seiten der Kosmologie der *„Gespräche mit Gott"* sein. Also laßt sie uns nochmals betrachten:

JEDE HANDLUNG IST EIN AKT DER SELBST-DEFINITION.

Laßt uns jetzt darüber reden, was das bedeutet.

Diese Feststellung bedeutet, daß alles, was wir denken (das Denken ist eine Handlung), was wir reden oder tun, die nächste Definition dessen erschafft, *Was Wir Sind*. Wir befinden uns ständig im Vorgang, uns selbst zu definieren. In der Tat ist das der zentrale Zweck des Lebens. Wir sind nicht unsere Körper. Wir sind spirituelle Wesen mit einem Körper. Wir sind in unsere Körper gekommen, um sie als Werkzeuge zu benutzen, mit denen wir das nächste Abbild dessen erbauen und erschaffen sollen, *Was Wir Wirklich Sind* – und dessen, *Was Wir Jetzt Wählen Zu Sein*.

Dies ist wahr für uns als Individuen, und es ist wahr für uns kollektiv als die Spezies, die Menschheit genannt wird.

Unsere individuellen Handlungen haben einen enormen Einfluß auf unsere kollektiven Erfahrungen, und unsere kollektiven Handlungen haben enormen Einfluß auf unsere individuellen Erfahrungen. Der Effekt ist zyklisch. In jedem Moment treffen wir eine Wahl. Wer wird gewinnen? Unser Höchstes Selbst? Unser Niedrigstes Selbst? Jemand dazwischen?

Hilfe auf dem Weg

Dies ist eine momentane Entscheidung. Unzweifelhaft ist es die wichtigste, die wir jemals treffen werden. Und wir müssen sie immer und immer wieder treffen, in jedem Moment unseres Lebens. Glücklicherweise müssen wir sie nicht allein treffen. Wir sind nicht hilflos, wir sind nicht ohne Führung, und wir sind nicht ohne unterstützende Begleitung auf dem Weg.

Wie bei den meisten politischen Wahlen können wir politischen Parteien beitreten, um die Kraft zu finden, die mit der Anzahl kommt, und auch bei dieser Wahl, bei der es darum geht, auf welche Weise wir menschlich sein wollen, können wir uns mit anderen zusammenschließen, die denken wie wir, die die gleichen Ziele zu erreichen wünschen, die nach den gleichen Ergebnissen suchen.

Glücklicherweise können wir uns in vielerlei Hinsicht zusammenschließen, insbesondere können wir uns der wachsenden Gruppe spiritueller Helfer anschließen, die wir das Humanity's Team nennen.

Und genau wie die Mitglieder politischer Parteien zusammenarbeiten, um mehr Gleichgesinnte zu sammeln und dadurch ihre Effektivität zu steigern, können die Mitglieder des Humanity's Team zusammenarbeiten, um ihre Partnerschaft zu verbreitern, um Menschen aller Nationen der Welt einzuschließen – indem sie ihre Effektivität erhöhen, um einen neuen Weg zu erschaffen, menschlich zu sein.

Das ist es natürlich, was wir tun. Wir erschaffen einen neuen Weg des Zusammenlebens, um auf diesem Planeten zu koexistieren und um uns selbst zu erfahren.

Das Humanity's Team versucht Individuen überall auf der Welt dabei zu unterstützen, eine zentrale Botschaft des Lebens zu erkennen:
WIR SIND ALLE EINS.

Wir wissen, daß, sobald diese Wahrheit verstanden und im Ganzen erfaßt und als Werkzeug in der Gestaltung unseres täglichen Lebens eingesetzt wird, sich alles ändern wird in der Art und Weise, wie wir dieses Leben erfahren. Es wird sich zum Besseren ändern, und es wird sich für immer ändern.

Eine Einladung Gottes an Dich

Die *Gespräche mit Gott* sagen, daß Gott unaufhörlich zu uns allen spricht. Wenn das wahr ist (und das ist es), dann könnten die Worte, die Du gerade jetzt liest, Dich rufen aus dem Herzen Des Göttlichen.

Du hörst, gerade jetzt, eine Einladung des Lebens selbst.

- Wenn Du glaubst, daß es tatsächlich einen „neuen Weg gibt, menschlich zu sein";
- daß wir in diesem Vorgang der Koexistenz besser vorankommen;
- daß unsere Kinder und unsere Kindeskinder ein Anrecht haben, in Freude, Frieden, Harmonie und Sicherheit zu leben, in einer Welt frei von Elend und Armut und andauernder Qual und endlosen Leiden...
- wenn Du glaubst, daß eine Spezies, die einen Mann auf den Mond schicken konnte, auch einen Himmel auf Erden schaffen kann...
- wenn Du glaubst, daß der Sinn des Lebens es ist, glücklich zu sein, und daß es niemals vorgesehen war, eine Erfahrung ständiger Kämpfe und andauernder Konflikte zu sein...
- wenn Du glaubst, daß es einen Weg gibt für uns, unsere natürlichen Antriebe zu schätzen, in Richtung des Göttlichen, ohne andere herabzusetzen für den Weg, auf dem sie es tun...

dann bist Du schon ein Mitglied des Humanity's Team.

Alles, was für Dich noch zu tun bleibt, ist es, die Hände von uns anderen zu ergreifen, so daß wir erreichen, daß unsere Stimmen zählen, wenn wir eine Neue Zukunft für die ganze Welt wählen.■

NEALE DONALD WALSCH ist ein amerikanischer Autor spiritueller Bücher. Seine Trilogie „Gespräche mit Gott" erlangte weltweite Bekanntheit. Er studierte die Bibel, die Riga Veda und Texte der Upanishaden-Sammlung (Sammlung philosophischer Schriften des Hinduismus). Walsch versteht sich nicht als neuer Guru; die Zeit der Gurus, sagt er, sei vorbei. Nicht nur er habe seine „Gespräche mit Gott", sondern jeder Mensch habe einen Dialog mit Gott.

Kontakt: www.gespraechemitgott.org

Olaf Jacobsen

Bewußtsein in Beziehungen

Lieber Leser, ich liege gerade im Bett, morgens 6.14 Uhr, und schreibe diese Zeilen an Dich – jetzt. Und Du befindest Dich auch gerade irgendwo und liest diese Zeilen von mir – jetzt. Und doch sind es zwei völlig verschiedene Zeitpunkte.

Auch wenn Du einen Film anschaust, hast Du das Gefühl: Es passiert jetzt! – obwohl er schon vor längerer Zeit gedreht wurde. Schließe dieses Buch, so hört das Gespräch hier auf. Öffne es wieder, setzt es sich fort oder wiederholt sich, je nachdem, auf welchen Teil des Textes Du Dein Bewußtsein lenkst – auf den Dir bereits bekannten oder auf den unbekannten Text.

Möglichkeiten

Eigentlich sind dies für uns völlig normale Vorgänge. Je genauer wir sie jedoch beobachten, desto intensiver können wir erkennen, wie wir mit unserer

Aufmerksamkeit unser gesamtes Leben steuern. Wir können uns fragen: „Was schaue ich jetzt gerade an? Wie oft schaue ich darauf? Wie lange? Mit welcher inneren Haltung? Und wie reagiere ich darauf?"

Mit diesen Fragen lenken wir unsere Aufmerksamkeit auf uns selbst und beobachten unsere Beobachtung.

Wie wundervoll ist doch unser Bewußtsein! Wir haben die Möglichkeit, etwas Äußeres in unserem Umfeld anzuschauen, und können gleichzeitig beobachten, wie es sich für uns anfühlt, wie unser Gefühl darauf reagiert.

Hast Du Dich schon einmal gefragt, wie es sich anfühlt, wenn Du auf unterschiedliche Farben schaust? Wie fühlt sich der Blick auf Rot an? Wie auf Blau? Grün? Hellgrün? Dunkelgrün?

Wie fühlt sich der Unterschied an zwischen innerlich vorgestellten Farben – hier beim Lesen – und realen Farben, wenn Du einmal Deinen Blick von diesen Zeilen weglenkst und auf eine farbige Fläche in Deiner Umgebung schaust – jetzt?

Es ist intensiver, oder? Das liegt daran, daß nicht mehr zwei Sachen gleichzeitig passieren: das Geplapper von mir und Dein Imaginieren der Farbe, während Du z.B. das Wort „Grün" liest. Wenn Du Deine Aufmerksamkeit direkt auf eine grüne Fläche lenkst, hast Du dabei mehr Ruhe – und viel Zeit. Jetzt.

Hast Du beim Betrachten der Farbe die Stille gespürt?

Oder hast Du den Augenblick, in dem Du die Farbe betrachtet hast, mit Gedanken, also mit eigenem innerem „Geplapper" gefüllt?

Probiere einmal Folgendes aus: Während Du diese Zeilen liest, die ich jetzt gerade schreibe, stelle Dir vor, ich würde immer langsamer zu Dir reden. Deine Augen wandern immer langsamer und langsamer von Wort zu Wort. Du schaust immer mehr auf die einzelnen Buchstaben eines Wortes und läßt jeden Buchstaben innerlich auf Deiner imaginären Zunge zergehen – und jetzt sogar in absoluter Zeitlupe, wie ein kleines Kind, das gerade das erste Mal zu lesen versucht und jedes Wort beinahe buchstabiert. Ein neues Gefühl beim Lesen, oder?

Hast Du es bis hierher durchgehalten oder wurdest Du zwischendrin ungeduldig und bist mit Deinen Augen wieder schneller über den Text gehuscht? Und ist Dir dabei bewußt geworden, wie schnell Du doch „normalerweise" mit den Augen über den Text wanderst?

Fazit: Du hast die Wahl, wie Du Deine Aufmerksamkeit steuerst.

Und wenn Du ab und zu etwas Ungewohntes ausprobierst, kannst Du das Gewohnte auf neue Weise wahrnehmen – im Vergleich.

Es geht noch weiter: Probiere auch das Gegenteil aus. Fliege mit Deinen Augen immer schneller über diese Zeilen und teste, bei welchem Tempo Du noch jedes Wort und vor allem den Inhalt noch mitbekommst. Fliege wirklich mit Deinen Augen die Zeile entlang und halte nicht mehr an einzelnen Wörtern fest. Verzichte darauf, die Wörter noch innerlich nachsprechen zu können. Dadurch wirst Du noch freier und fliegst noch schneller über jede Zeile. Du bist sicherlich erstaunt, wie schnell Deine Augen dahin gleiten können – und Du verstehst immer noch, was ich Dir hier gerade aufgeschrieben habe. Mancher Leser kann vielleicht sogar beobachten, daß er beim Fliegen doch noch ab und zu an einem Wort ganz kurz hängen bleibt, weil er meint, etwas übersehen zu haben. Auch darauf kannst Du verzichten. Einfach immer weiter fließen lassen – und Du merkst, wie viel Du tatsächlich immer noch mitbekommst und verstehst.

Wenn Du willst, kannst Du jetzt wieder in Deiner gewohnten Geschwindigkeit lesen.

Es gibt auch die Möglichkeit sich vorzustellen, daß ich Dir diese Worte gerade leise ins Ohr flüstere. In welchem Ohr hörst Du mich gerade? Rechts oder links? Oder hörst Du mich sogar in Stereo flüstern?

Stelle Dir vor, daß ich Dir meine Gedanken über eine weite Entfernung laut zurufe. Wie weit bin ich weg? Ist es ein großer Saal, in dem ich die Worte zu

Dir rufe, oder sogar eine große Kirche mit langem Nachhall? Was fühlst Du, wenn Du Dir vorstellst, daß ich in dieser Kirche laut zu Dir hinüberrufe? Vielleicht spürst Du eine leichte Hemmung, wenn jemand an diesem Ort so einen Lärm macht. Oder ich rufe diese Worte in der Natur über ein weites Feld zu Dir, oder im Wald, während die Vögel alle davon fliegen...

Wie fühlt sich das Lesen an, wenn Du Dir vorstellst, daß ich hier mit einer tiefen abgedunkelten Stimme in einem kleinen, akustisch trockenen Vortragssaal zu Dir spreche? Und kannst Du Dich daran erinnern, wie es klingt, wenn jemand Helium eingeatmet hat, nun mit einer sehr hohen Stimme spricht und dazu vielleicht sogar noch sehr schnell redet? Hörst Du mich mit dieser hellen (Schlumpf-)Stimme gerade zu Dir reden?

Du siehst, wie vielfältig Du Dein Lese-Erlebnis gestalten kannst – und ich habe dabei nichts anderes gemacht, als im Bett liegend Wörter aufzuschreiben. Du hast es ganz allein umgesetzt.

Jetzt übertrage diese Erfahrung auf Deinen Alltag – und schon beginnst Du, Dein kreatives Potential zu entfalten und reichlich aus Deinen bunten Erlebnismöglichkeiten zu schöpfen. Dazu muß sich im Außen absolut nichts ändern, die Worte in diesem Buch haben sich selbst auch nicht geändert. Es liegt bei Dir, was Du für Dich daraus machst. Der Zeitpunkt spielt dabei keine Rolle. Es funktioniert immer, denn Deine Aufmerksamkeit benutzt Du ständig.

Worauf schaust Du?

Und wie schaust Du darauf? Mit welcher Vorstellung, Vermutung, Vorannahme? Mit welcher inneren Haltung? Liebevoll offen oder mißtrauisch verschlossen? Mit welchen Hintergrundgedanken?

Schaust Du auf Deinen Partner (oder Deine Partnerin) und denkst, daß er wohl gerade Hilfe braucht?

Oder schaust Du auf Deinen Partner und mutest ihm zu, daß er es selbst schafft?

Wie fühlt es sich an, wenn Du Deinen Partner als einen Teil des „weisen Universums" siehst, das Dir Botschaften und Situationen schickt, damit Du diese entschlüsselst und integrierst – und auf diese Weise gelassen damit umgehen lernst?

Auf welche Weise Du damit umgehst, bleibt Dir und Deinem Gefühl überlassen.

Das Vergnügen und die Bremse

Ich habe öfter von Schauspielern Berichte gehört, daß sie ein großes Vergnügen an „bösen" Rollen hätten. Ich kenne Menschen, die gerne manchmal „ausrasten" und sich dabei pudelwohl fühlen. Ich kenne von mir, daß es mir ab und zu Spaß macht, andere Menschen zu necken, zu provozieren. Meine Partnerin erzählte mir, daß ihr Sohn früher liebend gerne den Bauklötzchenturm umgeschmissen hat, nachdem er in liebevoller Kleinarbeit aufgebaut worden war. Von mir kenne ich es auch, daß es Spaß gemacht hat, Bauklotzgebilde umzuwerfen oder Spielzeugautos mit der elektrischen Eisenbahn anzufahren. Im Urlaub hatte ich als Kind das Vergnügen, mit kleinen Cowboy- und Indianerfiguren Krieg zu spielen und dabei getroffene Figuren umzuschmeißen. Wer stößt auf dem Jahrmarkt im Autoskooter nicht gerne andere fahrende Wagen an? Und auch die Filmwelt mit den vielen Action-Szenen, explodierenden Autos, sich prügelnden Menschen hat ein gewisses Vergnügen daran, sogar manches genüßlich in Zeitlupe zu zeigen. Computerspiele bereiten ihren Nutzern durch viele Kämpfe großes Vergnügen. Und einigen Menschen bedeutet der Sadomasochismus viel. Auch destruktive Kritiker genießen ihr Tun in einer kleinen (oder größeren) Ecke ihres Herzens.

Auf der anderen Seite denken wir oft: Das ist krank. Das darf nicht sein, es ist zerstörerisch. Gewalt, Aggressionen, im extremsten Fall sogar Mord zeigen uns die dunkle Seite dieses Vergnügens.

Vergnügen ist herrlich, doch es bekommt einen unangenehmen Beigeschmack, wenn sich dabei ein anderer Mensch benachteiligt oder verletzt fühlt oder sogar konkret verletzt wird. Aufgrund dieser potentiellen „Gefahr" verbieten viele Eltern ihren Kindern manches Vergnügen. Es werden Grenzen gesetzt, Verbote erteilt – oft ohne daß das Kind begriffen hat, warum. Es werden viele Bremsen gesetzt, die noch gar nicht nötig sind, wo keine konkrete Gefahr besteht – nur weil die Eltern Befürchtungen haben. Und so wächst parallel zu dem Wunsch des Kindes, bestimmte zerstörerische Impulse auszuleben, gleichzeitig auch eine Bremse im Kind heran – die Bremse, die den Grenzen seiner Eltern entspricht.

Und wenn das Kind dann erwachsen ist und in einem bestimmten Rahmen, z.B. in einer Theaterrolle, die Aufgabe erhält, „böse" zu sein (nur zur Unterhaltung und nicht zum Zweck, andere Menschen zu verletzen), dann ist das Vergnügen wieder da: „Endlich darf ich!"

Natürlich drücken sich solche Bremsen auch in der Partnerschaft aus. Der eine hat dort Befürchtungen, wo der andere sich gehen läßt und Vergnügen erlebt – und umgekehrt. Oft führt dies zu Auseinandersetzungen, die wiederum - wenn sie konstruktiv genutzt werden - zu einem erfolgreichen Reifungsprozeß verhelfen.

Jeder kann sich fragen: „Ist meine Befürchtung begründet? Kann ich ihre Wichtigkeit in der Gegenwart konkret nachweisen? Was wäre, wenn ich meine Grenze einmal vorsichtig öffne und ein Risiko eingehe? Vielleicht erlebe ich etwas Neues?"

Ich denke, es kommt nicht darauf an, sich grundsätzlich bei bestimmten Vergnügungen zu bremsen oder auf der anderen Seite alle Bremsen, die man verspürt, zu beseitigen und sich vollständig zu öffnen. Ich erinnere mich gerade an eine Seminargruppe und ihren Seminarleiter, die ihre Veranstaltungen in meinem Seminarraum durchführten. Das Thema dieser Seminare war, die eigenen Grenzen zu öffnen und zu erweitern, um volles Vergnügen erfahren zu können. Doch dabei blieb die Rücksicht auf den anderen ein wenig auf der Strecke. Ich erlebte, wie diese Gruppe immer wieder die Tendenz hatte, meine eigenen Grenzen als Vermieter zu überschreiten. Die Leute verließen den Raum unordentlich oder beschädigten sogar manches, unabsichtlich natürlich. Ich wußte, daß die Seminarteilnehmer begeistert waren, weil sie endlich frei das tun „durften", was ihr Bedürfnis war. Doch dabei (be)achteten sie nicht mehr meine Grenzen als Vermieter.

Später erfuhr ich von einigen Seminarteilnehmern, daß sie eher Probleme bei diesen Grenzüberschreitungen in der Gruppe verspürten – statt Befreiung ...

Es war bis heute die einzige Gruppe, mit der es mir so erging. Alle anderen Gruppen gingen wesentlich rücksichtsvoller mit dem Raum um.

Ich denke, es kommt darauf an, immer wieder in jeder neuen Situation genau zu schauen: „Ist meine Bremse eine eigene, die ich erweitern könnte? Oder nehme ich hier gerade unbewußt Rücksicht auf die Bremse meines Partners, weil ich ihn nicht verletzen möchte?"

Und es kommt darauf an, für sich klar zu bekommen, ob man gerade Kontakt zu einer Bremse hat, die veränderbar ist oder die als feststehend anerkannt und geachtet werden sollte. Dies wäre entweder mit sich selbst zu klären oder im Gespräch mit dem Partner.

Bremsen sind nicht grundsätzlich falsch, weil sie unser Vergnügen eingrenzen. Sie sind ein wichtiger Hinweis, in welchem beschränkten Rahmen wir uns befinden. Und wenn wir diesen Hinweis ernst nehmen, können wir neu schauen: Will ich den Rahmen anerkennen und entwickle innerhalb des Rahmens das Vergnügen, was mir möglich ist, oder will ich den Rahmen wechseln und mir einen suchen, in dem ich mehr Vergnügen erleben kann? Will ich vielleicht auch den aktuellen Rahmen zu sprengen versuchen und konfrontiere mich mit den Folgen?

Eines bleibt jedoch: Wir werden uns immer irgendwo innerhalb eines Rahmens befinden. Es wird immer eine Grenze geben, die uns vor einer Verletzung warnt, entweder vor einer eigenen oder vor der Verletzung eines anderen. Auch, wenn wir mit uns selbst ganz allein sind.

Freiheit ist eine Illusion. Aber wir können uns das Gefühl von Freiheit dort „erschaffen", wo wir den vorhandenen Rahmen vollständig anerkennen können und innerhalb dieser Grenzen volles Vergnügen erfahren.

Ein Gefängnis, das wir achten und anerkennen und in dem wir uns pudelwohl fühlen und Freude haben, ist keines.

Achten wir die Grenzen, so verwenden wir keine Energie mehr darauf, diese Grenzen zu bekämpfen. Unser Bewußtsein ist nicht mehr an die Grenzen gebunden, sondern frei, das Mögliche zu genießen.

Botschaften vom Universum

Ich möchte an dieser Stelle erzählen, wie ich bisher beim Schreiben vorgegangen bin: Ich habe aus dem Kartenset „Das Feen-Geschenk" von Marcia Zina-Mager jeweils eine Karte gezogen, mich inspirieren lassen und dann über das Thema geschrieben, welches dort angedeutet war. „Möglichkeiten" und „Vergnügen". Nun wollte ich die dritte Karte ziehen und zog wieder die Karte „Vergnügen". Dies deutete ich so, daß ein nächstes Thema noch nicht dran wäre, und ging erst einmal Mittag essen. Danach erledigte ich ein paar Dinge, die dringender waren, setzte mich dann wieder an diesen Text und zog eine neue Karte: „Sinnenfreude". Also ein ähnliches Thema wie „Vergnügen". Ich begann, darüber nachzudenken – da kam meine Partnerin herein, um mit mir ein wenig zu kuscheln. Das paßte zum Thema, sie war in Resonanz zu mir, unterbrach mich aber gleichzeitig in meinen Überlegungen. Ich kam einfach nicht voran. Und dann wurde mir bewußt, daß es auch dazu gehörte: Ich erlebe gerade ständig Situationen, die mich bremsen, oder besser: durch die ich mich gebremst fühle. Und ich sah, daß es nicht nur Bremsen gibt, die in mir vergraben unbewußt mein Verhalten steuern, oder Bremsen, die mein Umfeld hat und auf die ich unbewußt Rücksicht nehme, sondern genauso Bremsen vom „Universum", wenn die Zeit noch nicht reif ist oder wenn mir das Universum eine Botschaft zukommen lassen möchte, eine Inspiration schickt oder eine zu integrierende Aufgabe.

In dem Moment, in dem mir das bewußt wurde, war klar, daß es ebenso zum Thema paßte, und ich begann es hier aufzuschreiben. Ich fand gerade nicht das Vergnügen, über ein weiteres Thema zu schreiben, weil ich ständig Bremsen erfuhr. Als ich diese Bremsen von einer anderen Ebene aus betrachtete und auf diese Weise integrierte, floß es plötzlich weiter. Die Frage, die mich zu der Erkenntnis auf einer neuen Ebene führte, war: „Was passiert hier gerade? Wenn es alles dazugehört, was will es mir sagen? Was hat es zu bedeuten?"

Ich wollte das, was ich bei den vergangenen zwei Themen erlebt hatte, erfolgreich fortsetzen, hielt in gewisser Weise also an einem vergangenen Muster fest – und kam so nicht weiter. Der nächste Schritt war ein Blick in die Gegenwart. Was passiert jetzt gerade? Und wie hängt es mit meinem momentanen Wunsch zusammen? Schon ging es weiter.

Das ist etwas, das ich immer wieder erlebe: Komme ich nicht weiter, lasse ich los und schaue dann darauf, was ich mit meinen Sinnen in der Gegenwart erlebe, dann wird mir auf einmal die „Botschaft" der Gegenwart klar, und es fließt weiter.

Wenn ich nun (in der Gegenwart) beobachte, was ich eben gerade geschrieben habe, so entdecke ich in den letzten Absätzen, daß ich mich im Grunde mehrfach wiederholt habe und eigentlich immer das Gleiche ausdrücke. Dabei habe ich es mir noch einmal besonders klar gemacht, was gerade passiert war, und habe dabei nur nach der stimmigsten Formulierung gesucht und gleichzeitig meine Erkenntnis „eingeübt".

So sehen wir, daß auch die Wiederholung dazugehört. Manchmal ist die Wiederholung des Alten wichtig, um etwas intensiv zu integrieren, und manchmal das Loslassen vom Alten und damit der Sprung in die Gegenwart. Wir haben die Wahl.

Ich wage eine Behauptung: Es gibt in Wirklichkeit keine Störung. Jede Störung ist im Grunde nur ein Zeichen für unsere eigene Weigerung, dem gerade auf uns zukommenden Impuls den richtigen Platz in unserem (Er)Leben zu geben.

Dazu gehört natürlich auch die Grenzsetzung. Ich hätte meiner Partnerin sagen können, daß ich mich gerade auf das Schreiben konzentrieren möchte, und so wäre ich mit ihrem Impuls „umgegangen" und hätte ihm einen bestimmten Platz zugewiesen. Wenn ich mich aber zusätzlich darüber geärgert hätte, ihr dies sagen zu müssen, dann wäre es für mich zu einer Störung geworden, die einen Ausschluß nach sich zieht und zusätzliche Spannungen sowohl in mir als auch zwischen mir und meiner Partnerin. Diese Spannungen könnten dann meine weitere Schreiblust und Intuition im negativen Sinne beeinflussen.

Letzteres können wir uns ersparen, wenn wir jeden inneren oder äußeren Impuls zunächst willkommen heißen, ihn als dazugehörig erkennen, vielleicht auch als Botschaft vom Universum nutzen, und dann in Ruhe und Klarheit damit umgehen.

Wie wächst die Liebe und die Sinnenfreude, wenn wir unseren Partner uns stören lassen, die Störung begrüßen und freudig, vielleicht sogar kreativ damit umgehen? Und wie „frei" fühlen wir uns, wenn unser Partner unsere Störungen begrüßt und wir uns selbst erlauben dürfen, ihn zu stören? Dabei können wir die Verantwortung der Grenzziehung ihm überlassen. Wir können dem anderen zumuten, daß er mit unserer Störung schon so umgehen wird, wie es gerade für ihn paßt.

Sollte dies noch nicht so reibungslos ablaufen, könntet Ihr auch gemeinsam üben und Euch gegenseitig erinnern und Feedbacks geben: „Wie wäre es, die Störung gerade wieder als dazugehörig zu integrieren und sie vielleicht als Botschaft zu erkennen? Oder wie könntest Du der Störung / meinem störenden Verhalten liebevoll eine Grenze setzen?"

Das Universum könnte Dir möglicherweise folgende Botschaften schicken:

- „Probiere es aus, diese Störung, die ich Dir gerade schicke, zu integrieren und als dazugehörig anzuerkennen. Wie ändert sich dadurch Deine Sichtweise? Was für neue Ideen erhältst Du? Vielleicht kommst Du auf diese neue Weise besser voran und kannst Dein Ziel erreichen."
- „Lerne, diese Störung zu begrenzen, vor allem liebevoll und klar. Hast Du diesen Schritt vollzogen, wie fühlst Du Dich dann? Vielleicht kommst Du auf diese neue Weise besser voran und kannst Dein Ziel erreichen."
- „Ich schicke Dir mit dieser Störung einen Hinweis auf die Zukunft. Es ist wichtig, daß Du Dich stören und unterbrechen läßt, damit Du das Ziel, welches Du jetzt gerade vor Augen hast, aufgibst und losläßt. Denn genau dieses Ziel könnte Dich in ein Ungleichgewicht führen."

- „Ich gebe Dir mit dieser Störung eine Antwort auf ein Problem, auf eine Frage, die Du vor kurzem gestellt hast. Ordne diese Störung Deiner Frage zu. Finde den Zusammenhang. Woher kennst Du das, was Dich hier gerade stört? Und wie es Dich gerade stört?

Wenn Du meine Antwort noch nicht entziffern kannst, dann bitte mich darum, daß ich Dir noch eine klarere Botschaft schicke. Du kannst mich auch mehrfach darum bitten. Sollte dann von mir keine klare Botschaft mehr kommen, die Du verstehst, dann war es auch nicht so wichtig, diesen Zusammenhang wirklich zu verstehen. Dann darfst Du aufgeben, nach dem Sinn zu suchen. Vielleicht war es einfach nur wichtig, daß Du für einen Moment durch Deine Suche abgelenkt wurdest – und nun darf es weiterfließen." ∎

OLAF JACOBSEN ist ausgebildeter Dirigent, Tenor und Pianist. Heute ist er jedoch hauptsächlich als Systemischer Berater und Coach tätig. Seit seiner Jugend beschäftigt er sich intensiv mit der Analyse von Gefühlen und der Entwicklung lösender Sichtweisen. Als Begründer der Freien Systemischen Aufstellungen publizierte er etliche Fachbeiträge und einige Bücher.
Kontakt: www.in-resonanz.net

Rüdiger Dahlke

Medizin für den ganzen Menschen

Wer eine Medizin sucht, die noch den ganzen Menschen meinte und sich nicht mit seinen Einzelteilen beschäftigt, muß weit zurück in der Zeit gehen. Die ursprüngliche Bedeutung des Wortes Medizin verweist mit demselben Stamm wie das Wort Meditation auf die Mitte. Der Meditation geht es bis heute darum, die Mitte zu finden, während die moderne Medizin dieses höchste Ziel im Laufe ihrer langen Geschichte und eindrucksvollen Kette von Erfolgen aufgegeben hat. Eine Medizin, die den Menschen von seiner körperlichen bis zur spirituellen Dimension umfaßt, muß zu diesem ursprünglichen Anspruch zurück. Eines ihrer Anliegen muß es sein, dem Wortstamm medere = (er-)messen wieder gerecht zu werden und zu helfen, das rechte Maß zu finden, um schlußendlich Selbstverwirklichung zu ermöglichen. Erst ein Mensch, der in seiner Mitte ruht und die Einheit gefunden hat, ist demnach wirklich ganz gesund und heil.

In der alten Medizin zeugte von dieser Haltung der Ausdruck „Re-medium" (lat.: zurück-zur-Mitte) für Heilmittel. Im englischen „remedy", wie etwa in der Bachblüten-Mischung „rescue remedy", hat sich das Wort erhalten.

Auf dem Weg dorthin könnten Krankheitsbilder im Sinne der „Archetypischen Medizin", wie sie in *„Krankheit als Symbol"* zum Ausdruck kommt, statt verdrängt, zum eigenen Wachstum genutzt werden. Dadurch würden sie sich von einer unangenehmen Last zum Dünger für Entwicklung und Wachstum mausern. Körper und Seele werden parallel und in einem ganzheitlich psychosomatischen Zusammenhang gesehen. Dabei gehen wir davon aus, daß alles, was Gestalt und Form hat, auch Sinn und Bedeutung haben muß, wie es bereits Plato annahm, der überzeugt war, daß hinter jedem Ding eine Idee stehe, ähnlich wie später Goethe, der in allem Geschaffenen ein Gleichnis sah.

Die ältere Medizin erkannte in Krankheitsbildern noch die gescheiterte Suche. Das Wort Suht (bereits Sucht gesprochen) stand im Mittelhochdeutschen noch für Krankheit im Allgemeinen. Heute zeugt davon fast nur noch die Gelbsucht, wie die Hepatitis nach wie vor auch genannt werden kann, während

Ausdrücke wie Schwindsucht für TBC, Bleichsucht für Anämie, Fallsucht für Epilepsie, Wassersucht für Ödeme und Tobsucht für die agitierte Psychose längst aus der Mode sind.

Die Archetypische Medizin, die die spirituelle Dimension der Menschen in all ihre Überlegungen und Therapieansätze mit einbezieht, sieht den Menschen dagegen weiterhin als Suchenden, der erst sein Ziel erreicht, wenn er die Einheit in sich und mit der Schöpfung gefunden hat. Insofern gehören geführte Meditationen ebenso selbstverständlich zu ihr wie Fasten oder Übungen mit dem verbundenen Atem.

Der bekannteste Ansatz aus der Archetypischen Medizin ist die Krankheitsbilder-Deutung, die durch Bücher wie *„Krankheit als Weg"*, *„Krankheit als Sprache der Seele"*, *„Frauen-Heil-Kunde"* bis hin zu *„Krankheit als Symbol"*, *„Aggression als Chance"*, *„Depression – Wege aus der dunklen Nacht der Seele"* und zuletzt *„Körper als Spiegel der Seele"* bekannt wurde.

In der Universitäts- oder Schulmedizin der modernen Industriegesellschaften wird Krankheit dagegen weder als Sprache noch als Weg, noch überhaupt als sinnvoll betrachtet, im Gegensatz zum Beispiel zur archaischen Gesellschaft, wo die Menschen nicht nur bei Krankheitsbildern, sondern grundsätzlich bei allen Ereignissen an deren tieferem Sinn interessiert waren. Bei uns wird Krankheit nicht einmal mehr als grundsätzlich erkannt, sondern als etwas ausschließlich Widerwärtiges, das mehr oder minder zufällig ins Leben einbricht. Deshalb spricht die Schulmedizin auch bedenkenlos von Krankheiten in der Mehrzahl. An sich macht das nicht mehr Sinn als von „Gesundheiten" zu sprechen. Für praktisch alle großen Religionen und spirituellen Traditionen war Krankheit dagegen immer etwas Grundsätzliches.

Auch nach christlichem Schöpfungsverständnis sind alle Menschen unheil, nachdem Gott dem Urahn Adam im Paradies eine Seite beziehungsweise Rippe nahm, um daraus Eva zu formen. Seitdem sind wir auf der Suche nach unserer „besseren Hälfte", wie der Volksmund so deutlich sagt. Die Bibel verspricht den Unheilgewordenen nach ihrer Vertreibung aus der Einheit in der Zukunft die Rückkehr in die paradiesische Einheit. Christus, der Heiland, vermittelt diesen Weg zurück zum Heil(igen), dem Himmelreich Gottes, von dem er sagt, es liege in uns. Vollkommenheit und folglich auch vollkommene Gesundheit sind demnach erst hier, also jenseits der polaren Welt der Gegensätze, erreichbar.

Erstaunlicherweise kommt dem die Auffassung der Weltgesundheitsorganisation (WHO) sehr nahe, die Gesundheit als einen Zustand frei von körperlichem, seelischem und sozialem Leid definiert. Gesunde

Menschen existieren demnach lediglich in Anatomiebüchern, aber sicher nicht in der Welt der Gegensätze. Was der spirituellen Philosophie selbst-verständliche Grundlage ihres Weltbildes ist, wird letztlich sogar von Schulmedizin und Naturheilkunde bestätigt. Der (konkret anzutreffende) Mensch ist krank oder süchtig beziehungsweise ein Suchender nach der Einheit.

Gesundheitsstatistiken sind in Wahrheit Krankheitsstatistiken und besagen zum Beispiel, daß ein durchschnittlicher Deutscher in 25 Jahren zwei lebensbedrohliche, 20 schwere und immer noch 200 mittelschwere bis leichte „Krankheiten" durchmacht. Mit ihren immer raffinierteren Diagnosemethoden findet die Schulmedizin heute auch praktisch keine ganz Gesunden mehr, was sich bis in Ärztewitze niederschlägt: Was ist ein gesunder Mensch? Antwort: eine Fehldiagnose.

Befragt man 1000 sogenannte Gesunde, findet sich darunter praktisch keiner, der nicht doch irgendwelche Beschwerden hätte. Die Naturheilkunde mit ihren noch sensibleren Untersuchungsmethoden etwa aus dem Bereich der bioelektronischen Funktionsdiagnostik findet heute nicht einmal mehr einen Menschen mit normalen Leberwerten, von Gesunden ganz zu schweigen. Das Fazit mag ebenso überraschend wie einfach anmuten: Alle sind sich darin einig, daß der Mensch krank ist. Zur Hoffnung der modernen Medizin, alle „Krankheiten" irgendwann auszurotten, mag man stehen wie man will, im Augenblick sind wir jedenfalls von absoluter Gesundheit meilenweit entfernt. Zu dieser Tatsache kann man in kämpferische Opposition gehen wie Schulmedizin und weite Teile der Naturheilkunde oder sie akzeptieren wie Religion, spirituelle Philosophie und „Archetypische Medizin". Klar ist aber, daß uns Krankheit offenbar zur Aufgabe wird.

Aus dem kämpferischen Ansatz der Schulmedizin[1] wird sich der Arzt mit dem Patienten gegen die Symptome verbünden und versuchen, sie so schnell wie möglich aus der Welt zu schaffen. Aus der Perspektive der Archetypischen Medizin, die ich im weiteren Verlauf darstellen will, folgt gerade das Gegenteil: Der Arzt verbündet sich mit den Symptomen und findet heraus, was dem Patienten fehlt, so daß gerade diese Symptome notwendig wurden. Auf

---

[1] Diese kämpferische Antihaltung der Schulmedizin ergibt sich schon aus den Bezeichnungen ihres Waffenarsenals, mit dem sie die Krankheitsbilder besiegen will: Antihypertonika und Antikonvulsiva, Antikoagulantien und Antibiotika, Antipyretika und Antihistaminika, Antidepressiva und Antiepileptika usw. usf.: Was nicht Anti ist, erweist sich als Blocker (Säure- und Betablocker) oder Hemmer (ACE-Hemmer). Aus dieser Antihaltung konnte sich natürlich nie ein Verständnis für das Wesen von Krankheit ergeben.

diese Weise wird jedem Symptom Bedeutung zuerkannt und daraus gelernt.

Krankheitsbilder zu deuten, ist eigentlich kein ungewöhnlicher Schritt und in der Bevölkerung seit jeher verbreitet. Tatsächlich sind wir gewohnt, alles Mögliche zu deuten, und sind sogar erstaunt, wenn es einmal nicht geschieht. Angenommen, jemand antwortet auf die Frage, wie das neueste Theaterstück gewesen sei, die Bühne hatte die Maße zehn mal sieben Meter und war einen Meter hoch; von den elf Schauspielern waren fünf Männer und sechs Frauen, die Kostüme waren aus 75 m Seidenstoff und 80 m Leinen gefertigt, die Bühne wurde mit soundsoviel Lux beleuchtet usw. Wir wären verblüfft über solch eine Antwort, weil wir natürlich eine inhaltliche Deutung erwarten würden und nicht eine formale Beschreibung der äußeren Gegebenheiten und des formalen Ablaufs.

Was uns beim Theater noch so selbstverständlich erscheint, ändert sich in der Medizin schlagartig. Findet sich der Patient einige Tage nach der Erstanamnese wieder beim Internisten ein, erfährt er nicht selten die Werte seiner Blutuntersuchung, der Elektrophorese und jene der Urinprobe, den Zahlenwert seines Blutdruckes, die Lipidwerte und die des Cholesterins. Wenn daraufhin eine „Therapie" „gegen das Cholesterin" empfohlen wird, werden viele Patienten erstaunlicherweise nicht ungehalten, sondern zollen solch wissenschaftlich arbeitenden Medizinern auch noch Respekt, obwohl auch hier nur vom Form- und nie vom Inhaltsaspekt des Krankheitsgeschehens die Rede ist, ähnlich wie bei der naiven Theaterbeschreibung.

Erst wenn der Internist die erhobenen Befunde deutet und eine Diagnose - etwa „Lungenentzündung" - stellt, bringt er mit dieser Deutung Sinn ins Spiel. Die Frage ist nur, warum er ausgerechnet in diesem Moment, wo seine Arbeit für den Patienten erstmals wesentlich und sinnvoll wird, wieder mit dem Deuten aufhört. Es ließe sich ohne weiteres in der eingeschlagenen erfolgreichen Richtung fortfahren und nach der Bedeutung von Lunge und Entzündung fragen. Thema der Lunge ist Kontakt und Kommunikation. Sie ist für Gasaustausch und die Sprachbildung verantwortlich, die auf der Modulation des Ausatemstromes beruht. In der Entzündung somatisiert sich das Thema Konflikt. Körpereigene Antikörper kämpfen auf kriegerische Art gegen eingedrungene Erreger, die sich ebenfalls äußerst aggressiv verhalten und versuchen, durch Vermehrung das Körperland zu erobern. Hier wird von beiden Seiten belagert, blockiert, angegriffen, getötet und natürlich gestorben. Makrophagen (griechisch für Großfresser) und Antikörper, die sich in Kamikazeart auf die Angreifer stürzen, um anschließend mit ihnen gemeinsam zugrunde zu gehen, geben auf Seiten des Körpers genausowenig Pardon wie die verschiedenen Erreger von Lungenentzündungen. Bei letzterer handelt es sich folglich um einen Konflikt im Kommunikationsbereich. Das Organ zeigt jeweils die Ebene des Problems, die Art der Erkrankung die des Konfliktes.

Die Häufung von Lungenentzündungen auf Intensivstationen belegt das auf drastische Art und Weise. Auf gehäuft vorkommende Erreger allein läßt sich dieses Phänomen sicher nicht zurückführen, denn wo ginge es Bakterien und Viren schlechter als gerade im OP und auf Intensivstationen, wo sie verfolgt und ausgemerzt werden wie sonst nirgendwo. Läuft aber die dem Patienten verbliebene Kommunikation ausschließlich über Plastikschläuche, Kanülen und Elektrodendrähte, entwickelt sich leicht ein unbewußtes Kommunikationsproblem, das sich häufig in einer Lungenentzündung verkörpert.

Die archetypische Medizin geht davon aus, daß alles körperliche Geschehen Ausdruck eines dahinterliegenden seelischen Inhalts ist, d. h. der Körper erscheint uns als Spiegel der Seele. Wird das körperliche Geschehen lediglich zugedeckt wie so häufig mit den unterdrückenden beziehungsweise allopathischen Methoden der Schulmedizin, verstärken wir folglich die seelische Problematik. Das Beseitigen von Symptomen schiebt diese, wie das Wort in aller Ehrlichkeit verrät, auf die Seite bzw. ins Unbewußte. Solch plumpe Art von Symptomverschiebung würde uns in anderen, etwa technischen Bereichen niemals einfallen. Wenn irgendwo eine technische Alarmanlage aufheult, kommt niemand auf die Idee, die alleinige Lösung in der Abschaltung des Alarms zu sehen. Bei Kopf-, Gelenks- oder anderen Schmerzen finden viele Ärzte (und Patienten) dagegen nichts dabei, durch entsprechende Schmerzmittel lediglich das Warnsignal zu blockieren. Hart ausgedrückt führt diese Haltung dazu, Symptome von Organ zu Organ und Patienten von Facharzt zu Facharzt zu verschieben.

Aus den Naturwissenschaften könnten wir – durch die Energieerhaltungssätze – längstens wissen, daß sich grundsätzlich nichts aus der Welt schaffen, aber vieles auf verschiedenste Weise umwandeln läßt. Insofern kann auch der Ansatz von *„Krankheit als Symbol"* nur Symptomverschiebung bieten, der allerdings auf eine weit sinnvollere Weise vonstatten geht als der der Schulmedizin. Eine Verschiebung von der körperlichen auf die geistig-seelische Ebene bietet nämlich durchaus Heilungschancen im Gegensatz zur Symptomverschiebung, die sich auf die körperliche Ebene beschränkt.

Krankheitsbilder entstehen, wenn inhaltliche Themen, deren bewußte Bearbeitung die Betroffenen bewußt oder unbewußt verweigern, in den Körper sinken und sich hier somatisieren. Zur Lösung eines Problems trägt es wenig bei, seine Verkörperung mit biochemischer (z. B. Kortison) oder gedanklicher (z.B. Affirmationen) Hilfe zu unterdrücken. Das Gegenteil wäre notwendig. Statt sich gegen das Symptom zu verschwören, ginge es darum, es verstehen zu lernen, d. h. den Inhalt hinter dem körperlichen Geschehen bewußt zu machen. Wo es gelingt, das Thema ins Bewußtsein zurückzuholen, besteht zumindest die Chance, es hier zu bewältigen. Dadurch wird der Körper von seiner Darstellungsarbeit entlastet. Je deutlicher und damit auch unangenehmer das Problem ins Bewußtsein rückt, desto leichter fällt es dem Körper, es loszulassen. Tatsächlich ist der Körper nur Ausweichbühne für unser Bewußtsein. Bewußt abgelehnte Themen verkörpern sich folglich mit Vorliebe ersatzweise auf der Körperbühne. So wird Krankheit zum Symbol und zum Weg.

Auf jedem Weg läßt sich daran etwas lernen, wobei es natürlich geschickte und weniger sinnvolle Wege gibt. Zumeist eleganter und fast immer zielführender, allerdings oft ebenso unangenehm ist es, direkt auf der Bewußtseinsebene zu lernen, ohne vorher auf die Körperbühne auszuweichen. Nur so eröffnet sich z. B. die Möglichkeit echter Vorbeugung. Schulmediziner sprechen viel von Vorbeugung - etwa von Krebsprophylaxe - wenn sie in Wahrheit Früherkennung meinen. Unbestritten ist Früherkennung besser als Späterkennung, nur mit Vorbeugung hat sie nichts zu tun. Krankheitsbilder durch Bewußtseinsarbeit überflüssig zu machen, indem das betreffende Thema freiwillig auf geistig-seelischer Ebene bearbeitet wird, ist dagegen echte Prophylaxe.

Wer Krankheit als Sprache der Seele versteht, erlebt, daß Form und Inhalt nicht nur zusammenpassen, sondern immer auch zusammengehören. Krankheit ist der formale Aspekt eines geistig-seelischen Inhalts, oder anders ausgedrückt: Symptome sind Verkörperungen seelischer Themen. Zu dieser alten Weisheit eines Plato und Goethe zurückzufinden, ohne die unbestreitbaren Errungenschaften moderner Medizin zu verwerfen, ist eines der zentralen Anliegen der Archetypischen Medizin, die die Ergebnisse der Wissenschaft deutet und mit den Exerzitien und Meditationen der spirituellen Traditionen verbindet.

Die Symptomsprache als Sonderfall der allgemeinen Körpersprache, der mit Sicherheit verbreitetsten Sprache der Erde, ist dabei eine große Hilfe. Diese universelle symbolkundige Sprache wird leider nur noch von wenigen Menschen unserer Gesellschaft bewußt verstanden. Dabei wäre es leicht, sich wieder an sie zu erinnern, denn unser Körper spricht nicht nur, unsere Sprache ist auch körperlich. Folglich kann sie zur Brücke zwischen Körper und Seele werden. Ob wir begreifen oder verstehen, bestimmte Dinge uns an die Nieren gehen oder uns andere zu Kopf steigen, ob wir uns etwas zu Herzen nehmen oder es uns auf den Magen schlägt, ob Läuse über die Leber laufen oder der Atem vor Schreck stockt, überall zeigen uns psychosomatische Ausdrücke die enge Verbindung von Körper und Seele.

Neben der Körpersprache, die durch umgangssprachliche Wendungen, Sprichworte und Sprachbilder ergänzt wird, und den erlebten Symptombildern lassen sich eben auch die von der Schulmedizin erhobenen Befunde für die Deutung verwenden. Die formale Beschreibung des Krankheitsgeschehens ist ja keineswegs falsch oder auch nur überflüssig. Erst die Bühne macht es möglich, dem Theaterstück zu folgen, ohne Beleuchtung bliebe alles unsichtbar, und ohne Kostüme wäre es peinlich usw. Bei aller Wichtigkeit dieser äußeren Voraussetzungen gilt es jedoch, den Inhalt des Stückes nicht zu übersehen. Will man am Theaterstück etwas Grundsätzliches ändern, macht es wenig Sinn, bei den formalen Aspekten anzusetzen, es ist nötig, den Inhalt anzugehen.

Insofern richtet sich die deutende Psychosomatik der Archetypischen Medizin nicht gegen die Schulmedizin, sondern ergänzt sie und führt sie weiter. Bei Reparaturen im körperlichen Bereich ist die Schulmedizin sogar eindeutig überlegen. Ihr Vorwürfe zu machen, daß sie sich nicht um den ganzen Menschen kümmere, ist unsinnig, weil sie das auch nie versprochen hat. Der Besucher eines städtischen Schwimmbades, der sich über mangelnden Meeresblick beklagt, ist im Unrecht. Wer Meer will, muß dorthin fahren. Wer Heilung anstrebt, müßte sich um eine Medizin bemühen, die Körper, Seele und Geist im Blick hat, und, ohne die Schulmedizin entwerten zu wollen, weit über diese hinaus bis in spirituelle Dimensionen reicht.

Erlebte Symptome und erhobene Befunde können gleichermaßen gedeutet und Mosaiksteinchen für Mosaiksteinchen zum umfassenden Muster des Krankheitsbildes zusammengesetzt werden. Die betroffene Region bzw. das jeweilige Organ geben die Ebene an, auf der das Problem besteht, bei Lungenentzündung also den Kommunikationsbereich, für den die Lunge steht. Das spezielle Symptomgeschehen enthüllt die Art des Problems, bei unserem Beispiel also das Thema Konflikt. Hilfreich beim Deuten sind die Fragen: Warum geschieht gerade mir gerade das, gerade jetzt? Woran hindert mich die Symptomatik? Wozu zwingt sie mich? Welchen Sinn erfüllt sie gerade jetzt in meinem Leben? Diese Deutungen können mit jeder anderen Art praktischer Medizin kombiniert werden, sowohl der Schulmedizin als auch der Naturheilkunde und Komplementärmedizin, wobei es sich empfiehlt, so oft wie möglich mit den sanfteren, weil nebenwirkungsärmeren Methoden letzterer zu arbeiten und nur so selten wie notwendig mit den in der Regel aggressiv unterdrückenden der Schulmedizin.

Neben diesem Sinnaspekt der Krankheitsbilder kümmert sich die Archetypische Medizin aber auch um so körpernahe Themen wie die Ernährungs-, Bewegungs- und Entspannungslehre wie auch um den Umweltbezug. Auch all diese Themen sind natürlich nicht neu, sondern bereits von Hippokrates unter dem Begriff „Säulen der Gesundheit" zusammengefaßt worden. Nach seiner Auffassung trugen diese das Dach des Gesundheitstempels.

Der Weg zu prickelnder Vitalität und ansteckender Gesundheit über die „Säulen der Gesundheit"

Im alten China sah die Medizin ihre Aufgabe noch völlig anders. Es galt als Versagen, wenn ein Arzt akupunktieren mußte, zeigte es doch, daß er versäumt hatte, im Vorfeld die richtigen Übungen zu verordnen, so daß das Energiegleichgewicht des Patienten durcheinander geraten konnte. Deshalb rangierte Chi Gong über der Akupunktur. Damals zählte die richtige Ernährung noch mehr als die Behandlung mit Heilkräutern. Über Bewegungs- und Ernährungslehre stand die Kunst der Entspannung und weit darüber noch das Bewußtsein und folglich die Meditation. Denn wo der Geist in Harmonie und das Bewußtsein in Ordnung war, mußte man sich um den Rest wenig sorgen. Wenn Hippokrates sagte: „Eure Nahrung sei eure Medizin, eure Medizin sei eure Nahrung", lag er noch ganz auf dieser Linie. Heute haben wir diese Hierarchie umgekehrt und müssen zunehmend erkennen, daß es so nicht weitergehen kann.

Dabei braucht es gar nicht soviel Einsatz, um an Körper, Seele und Geist zu gesunden, und das Wissen um die alten „Säulen der Gesundheit" kann die Weichen in diese Richtung stellen. Niemand müßte an der nächsten Grippewelle teilnehmen, jeder könnte essen, worauf er Lust hat, ohne dick zu werden, könnte morgens frischer aufwachen und abends besser einschlafen, könnte Energie im Überfluß haben und obendrein die besseren Ideen. Oft ist es dazu allerdings notwendig, zuerst aus verschieden Teufelskreisen auszusteigen.

Von ihrer Körperwärme her kühle Typen mit schwachem Bindegewebe und niedrigem Blutdruck kühlen sich mit Nahrungsmitteln wie Obst und Rohkost noch weiter ab, während heiße Typen, denen schon beim Gedanken an die Gulaschsuppe Schweiß ausbricht, sich über diese Nahrungswahl weiter aufheizen. Dabei ist es einfach, auf den Spuren der alten Chinesen diese und andere Problemkreise zu durchschauen und zu verlassen. Wir müßten uns artgerecht, also wie Menschen, d. h. überwiegend vegetarisch, typgerecht wie gerade beschrieben und vollwertig ernähren, weil wir in der Evolution nichts anderes gelernt haben.

Auf dieser Basis könnten wir mit einfachen Tricks weitere Schritte zur Gesundheit leicht machen. Wer nach dem Abendessen nichts mehr ißt und wenigstens 12 Stunden fastet, erlebt mit dem Frühstück wirklich ein „break-fast", wie die Angelsachsen sagen und hat die Chance auf genug Wachstumshormon. Dieses fühlt sich aufgeräumt an und wie Kreativität und gute Ideen.

Einen noch größeren Effekt kann die Einnahme von einem Eßlöffel einer Rohkost namens Aminas (www.aminas.de) haben, die nüchtern mit Fruchtsaft genommen und mit viel Wasser durch den Magen gespült, die Serotonin-Speicher des Organismus auffüllt. Wer danach noch wenigstens 30 Minuten nüchtern bleibt, erlebt in der Regel eine deutliche Stimmungsverbesserung – Serotonin ist unser Wohlfühl- und Glückshormon – wie auch eine Verbesserung des Schlafes, weil der Organismus daraus auch sein Schlafhormon Melatonin macht, und eine Reihe anderer Verbesserungen wie die der Haut. Genaueres zu diesen und weiteren Ernährungstricks bringt das Buch „*Vom Essen, Trinken und Leben*".

Ähnlich leicht gelingt es im Bewegungsbereich, die Weichen richtig zu stellen, wo vielen modernen Menschen sanfte Ausdauerbewegung im Sauerstoffgleichgewicht fehlt, die das Herz stärkt und zur erstrebten Fettverbrennung führt. Leider aber trainiert die eine Hälfte der Menschen (meist Männer) zu selten zuviel und die andere (vor allem Frauen) macht zu häufig zu wenig. So bleiben beide Gruppen herzkreislaufschwach und verfehlen obendrein ihr Idealgewicht. Das Taschenbuch „*Säulen der Gesundheit*" kann hier weiterhelfen und so raffinierte Tricks wie die der Bewußtseinsgymnastik vermitteln, die über den Körper den Geist fit machen.

Im Bereich der Entspannung liegen die Dinge kaum besser, und dabei wären auch hier die Auswege sehr einfach. Schon ein kurzer Mittagsschlaf kann die ganze zweite Tageshälfte energetisch verbessern, geführte Meditationen können auf angenehme Weise Regeneration und Entspannung fördern.

Über die Jahre konnten wir in vielen Seminaren erleben, wie Teilnehmer ihr Lebensschiff erfolgreich in gesunde Gewässer steuerten. Aus diesen Erfahrungen sind Bücher wie das „*Das große Buch der ganzheitlichen Therapien*" oder „*Schlaf – die bessere Hälfte des Lebens*", aber auch „*Das große Buch des Fastens*" entstanden, deren Hinweise das Leben drastisch verlängern und vor allem seine Qualität deutlich verbessern können - durch einfache konsequente Schritte zu ansteckender Gesundheit.

Wie all die großen alten Medizinsysteme von der chinesischen TCM über die tibetische bis zur indisch-ayurvedischen Medizin war es notwendig, auch die Archetypische Medizin auf einer Philosophie aufzubauen, die jedem Einzelaspekt seinen Platz zuerkennt. Mit der hermetischen Philosophie der alten Weisheitslehren ist das geschehen, die die Gesetze der Wirklichkeit vermittelt wie das der Polarität, gefolgt von dem der Resonanz. Aus dieser Philosophie ergibt sich aber auch zwingend die Notwendigkeit der Urprinzipien- oder Archetypenlehre, die erst echte Vorbeugung ermöglicht.

Wo die Grundgesetze der spirituellen oder hermetischen Philosophie verstanden werden, macht es Sinn, bessere Einlösungsebenen für die Energien hinter Symptomen zu suchen. Solange jemand das Polaritätsgesetz nicht durchschaut und lediglich staunend und angewidert feststellt, daß es immer gerade die Besten erwischt, wie etwa die Friedenspolitiker, oder solange er das Resonanzgesetz nicht versteht, wird er nie begreifen können, warum einige ständig Glück haben oder immer mehr Geld anhäufen. Erst wenn man die Spielregeln des Lebens durchschaut und die Gesetze der Wirklichkeit versteht, macht das Spielen und damit das Leben wirklich Freude. Dann treten Jammern und das Projizieren von Schuld zurück, und Entwicklung in Richtung ansteckender Gesundheit und spiritueller Verwirklichung kann beginnen. ■

Rüdiger Dahlke ist Arzt und Psychotherapeut mit Zusatzausbildungen für Naturheilkunde und Homöopathie. Er war langjähriger Herausgeber der Zeitschrift Esotera. In seinen zahlreichen Büchern und Seminaren vermittelt er hauptsächlich das Wissen über Archetypische Medizin (Symbolsprache der Krankheitsbilder), über Atem- und Psychotherapie, Heilfasten und Meditation. Rüdiger Dahlke betreibt gemeinsam mit seiner Frau ein Heilkundezentrum in Niederbayern.
Kontakt: www.dahlke.at

Franz Bludorf

Name und Schicksal

Sage mir, wie Du heißt, und ich sage Dir, wer Du bist. Vielleicht klingt eine solch kategorische Feststellung für Dich überraschend. Doch sie basiert auf einem Wissen, das uralt ist und gerade in der heutigen Zeit wieder aktuell wird.

Schon Goethe sagte in seinem „Faust": *„Bei euch, ihr Herrn, kann man das Wesen gewöhnlich aus dem Namen lesen."*

In früheren Zeiten war dies sogar ganz verständlich, denn Menschen verliehen anderen Menschen Namen, mit deren Hilfe sie einander leichter zuordnen konnten. Der Müller im Ort hieß eben *Müller*, der Rothaarige hieß *Roth*, und den Fremden, der sich erst kürzlich im Dorf angesiedelt hatte, nannte man *Neumann*. Nur - mit der Zeit gingen diese Zuordnungen natürlich verloren. Nicht alle Söhne des Müllers wurden später auch wieder Müller, doch weil der Name vom Vater auf die Söhne weitergegeben wurde, hießen sie trotzdem so.

Ebenso war der Sohn des Herrn Roth vielleicht blond und der Sohn des Herrn Neumann längst ein alteingesessener Dorfbewohner.

Bis heute erhält jeder von uns bei der Geburt den Familiennamen seiner Eltern und dazu einen Vornamen, den die Eltern oft recht willkürlich nach persönlichem Geschmack oder irgendwelchen Modekriterien ausgewählt haben. Mit der Persönlichkeit scheint das nicht mehr viel zu tun zu haben. Immerhin beruhigend für einen, der vielleicht Pfannkuchen heißt - oder Schweinsteiger!

Und doch gibt es zwischen Namen und Schicksal eine Beziehung, daran kann kein Zweifel bestehen. Nur ist sie nicht so oberflächlich. Die Kabbalisten waren seit Jahrtausenden davon fasziniert, in Namen nach Bedeutungen zu suchen, und das von ihnen überlieferte Wissen ist noch bis heute aktuell und kann jedem Menschen wertvolle Erkenntnisse über sein Leben geben.

Einfache Namensdeutung

Damit Du das nachvollziehen kannst, gebe ich hier eine Tabelle, mit deren Hilfe Du einen ersten Eindruck von der Bedeutung Deines Namen gewinnen kannst. In dieser Tabelle sind links die Buchstaben des Alphabets aufgelistet. In der zweiten Spalte findest

Buchstabe	Zahl	Grundeigenschaft (positiv / negativ)
A, Ä	1	Energie / Hyperaktivität
B	2	Fleiß / Unordnung
C, K	11	Spiritualität / Unsicherheit
D	4	Tatkraft / Voreiligkeit
E	5	Großzügigkeit / Übermaß
F, P, PH	17	Nächstenliebe / Zwiespältigkeit
G	3	Ausgleich / Unentschlossenheit
H, CH	8	Gerechtigkeit / Unbeweglichkeit
I, J, Y	10	Flexibilität / Sprunghaftigkeit
L	12	Opferbereitschaft / Unterwürfigkeit
M	13	Mut / Destruktivität
N	14	Kampfgeist / Machtgier
O, Ö	16	Erkenntnisfähigkeit / Angst
Q,	19	Harmonie / Schwerfälligkeit
R	20	Aufmerksamkeit / Träumerei
S	21	Erfolg / Strebertum
SCH, SH, TS, TZ	18	Anpassungsfähigkeit / Lüge
T	9	Weisheit / Demagogie
TH	22	Erdverbundenheit / Kälte
U, Ü, V, W	6	Liebe / Aggression
X	15	Charisma / Leichtsinn
Z	7	Sieg / Sturheit

Tabelle der kabbalistischen Buchstabenwerte

Du eine Zahl, die dem jeweiligen Buchstaben (nach Ansicht der Kabbalisten) entspricht. Wie Du siehst, sind die Zahlen nicht den Buchstaben des Alphabets entsprechend sortiert. Das liegt daran, daß die Tabelle ursprünglich für das hebräische Alphabet entwickelt wurde, das ja mit unserem nicht identisch ist.

Addiere nun alle Zahlen, die den Buchstaben Deines Vor- und Zunamens entsprechen. Wenn Du zum Beispiel Jörg Peters heißt, so ergibt sich:

$$Summe = J+Ö+R+G+P+E+T+E+R+S$$
$$= 10+16+20+3+17+5+9+5+20+21 = 126$$

Von dieser Zahl bildest Du die Quersumme, d. h. Du addierst die einzelnen Ziffern:

$$o = 1 + 2 + 6 = 9$$

Dies ist die erste Namenszahl. Die zweite erhältst Du, indem Du von der ursprünglichen Summe die Quersumme abziehst, das Ergebnis durch 9 teilst und dann 1 hinzuaddierst:

$$x = (Summe - o)/9 + 1 = (126 - 9)/9 + 1$$
$$= 117/9 + 1 = 14$$

Jörg Peters hat demnach die kabbalistischen Namenszahlen 9 und 14. Wenn wir dazu die Grundeigenschaften aus der Tabelle ableiten, so ist er ein Mensch mit einem hohen Drang nach Wissen und

Weisheit und mit viel Kampfgeist, der allerdings aufpassen muß, daß er nicht zu dominant wird und anderen seine Meinung aufdrängt.

Nach der Berechnung Deiner eigenen Namenszahlen kannst Du Dir ebenfalls die Grundbedeutungen ansehen. Viele Menschen werden bereits durch diese einfache Deutung erstaunlich gut getroffen. Solltest Du Dich in Deinen Zahlen noch nicht so genau wiedererkennen - eine wirkliche Namensdeutung geht viel tiefer, und die einzelnen Zahlen haben auch viel umfassendere Bedeutungen, als ich sie hier aufführen kann.

Prominente und ihre Schicksalszahlen

Wenn man die Namen prominenter Persönlichkeiten auf diese Weise analysiert, findet man heraus, daß sie dadurch meist tatsächlich überraschend genau getroffen werden. *George W. Bush* etwa hat die Namenszahlen 7 und 15. Tatsächlich ist er im Leben ein Siegertyp, der seine Ziele mit Sturheit bis hin zur Kriegslust verfolgte und dabei oft leichtsinnig handelte.

Der frühere Bundeskanzler *Willy Brandt* dagegen hatte im Namen die Zahlen 1 und 12, was ihn als energischen Politiker auszeichnete, der bereit war, für die Umsetzung seiner Visionen Opfer zu bringen. Seine Versöhnungspolitik mit den Staaten Osteuropas in den siebziger Jahren bestätigte dies. Dabei muß man beachten, daß Willy Brandt gar nicht sein richtiger Name war. Er hatte dieses Pseudonym angenommen, als er von den Nazis verfolgt wurde und ins Exil gehen mußte. Sein Geburtsname *Karl Herbert Frahm* hatte ganz andere Zahlen - 10 und 19. Sie drückten aus, daß er im Grunde ein Revolutionär war, der sich für eine gerechtere und harmonischere Welt einsetzen wollte. Dies charakterisiert seine frühen Jahre und sein Engagement in der Sozialistischen Arbeiterjugend ebenfalls recht gut. Man kann aber durchaus die Vermutung anstellen, daß erst der Namenswechsel ihm den Pragmatismus verlieh, um seine Visionen am Ende auch in Realpolitik umsetzen zu können.

Diese Beispiele werfen sofort eine Reihe von Fragen auf, vielleicht gerade deshalb, weil sie so überzeugend sind. Wie kommt eine solche Parallelität zwischen Namen und Charakter zustande? Entwickelt sich ein Mensch im Laufe seines Lebens so, wie es seinem Namen entspricht? Oder bekam er den Namen, weil er die passenden Charakterzüge bereits ins Leben mitbrachte in Form eines „Karmas" aus früheren Leben?

Wenn man sich längere Zeit mit Namen und Schicksalen von Menschen beschäftigt, kommt man unweigerlich zu dem Schluß, daß beide Aspekte zum Tragen kommen.

Kosmische Biometrie

Lange Zeit war es schwierig, die seltsame Parallele zwischen Namen und Schicksal in unser modernes Weltbild einzuordnen. Erst ganz aktuelle Erkenntnisse der Wissenschaft haben es möglich gemacht.

Wie wir alle wissen, ist unser Leben in weiten Bereichen bestimmt durch unsere Gene, also durch die Erbinformation, die eine Blaupause für den Aufbau unseres Körpers und unseres Charakters bildet. Insofern haben wir also neben unserem normalen bürgerlichen Namen auch noch einen *genetischen Namen*, der in unserer Erbsubstanz angelegt ist.

Seit Neuestem weiß man, daß dieser genetische Code nicht nur auf Biochemie beruht. Wie die Forschungen des russischen Wissenschaftlers Pjotr Garjajev ergaben, ist das DNA-Molekül von einer Lichthülle umgeben, die als Informationsspeicher für elektromagnetische Frequenzen dient.

Wie Garjajev und sein Team weiter herausfanden, besitzt der genetische Code sogar eine Grammatik, die dem Aufbau menschlicher Sprachen analog ist. In unseren Genen steckt so etwas wie die Ursprache der Menschheit. Die Konsequenz: Unsere DNA ist in der Lage, alle menschlichen Sprachen zu verstehen und auch gesprochene Informationen weiter zu verarbeiten.

Von diesem Punkt ist es nur noch ein Schritt bis zu der Erkenntnis, daß der Name eines Menschen Einfluß auf sein Schicksal hat. Schließlich wird kaum etwas in der Umgebung eines Menschen so häufig ausgesprochen wie sein Name. Gesprochene Sprache stellt jedoch auch ein Frequenzmuster dar, auf das die DNA in jeder Zelle des Körpers reagieren kann.

Damit ist ein Mensch durch zwei Größen - den *genetischen Namen* in seiner DNA und den *bürgerlichen Namen* - „für das Universum identifizierbar". *Kosmische Biometrie* könnte man es nennen. Und im täglichen Leben findet ständig ein Informationsabgleich zwischen diesen beiden Größen statt. Erst heute können wir wissenschaftlich verstehen, daß es so ist, doch intuitiv wußten die Menschen es schon seit Jahrtausenden und konnten dieses Wissen auch anwenden. Offenbar hatten die alten Kabbalisten einen Weg gefunden, um die Schwingungsmuster der menschlichen Sprache über ihre empirisch entstandenen Buchstabentabellen abzugreifen.

Grundlage dieses Wissens ist die Überzeugung der Kabbalisten, daß die gesamte Erschaffung des Universums über das gesprochene Wort erfolgte. Nicht für umsonst heißt es in der Bibel *„Am Anfang war das Wort." (Joh. 1,1)*

Interessant ist in diesem Zusammenhang, daß es im Verlauf der biblischen Schöpfungsgeschichte im 1. Buch Mose zu den ersten „Amtshandlungen" Gottes (und später auch Adams) gehörte, den soeben erschaffenen Dingen geeignete Namen zu geben.

Konkreter wird es in den einst geheimen kabbalistischen Schriften. So heißt es etwa im Buch *Sefer Jezira* (3.-6. Jh. n. Chr.): *„22 Buchstaben. Er zeichnete sie ein. Er baute sie aus. Er wog sie. Er wechselte sie, und Er kombinierte sie, und Er formte mit ihnen die Seele der ganzen Schöpfung und alles, was zukünftig geschaffen werden wird."*

Für den mittelalterlichen Kabbalisten *Jehuda Halevi* bestand die Schöpferkraft Gottes aus der vollkommenen Einheit (Übereinstimmung) von *Sefar*, *Sippur* und *Sepher*, d. h. *Zahl*, *Sprache* und *Schrift*. Bei den Menschen, so Halevi, fehlt diese Einheit. Wir zählen mit dem Intellekt, sprechen mit dem Mund und schreiben mit der Hand.

Menschliche Worte, Schrift und Gedanken *beschreiben* daher ein Objekt nur, *ohne das Objekt selbst zu sein*. Göttliche Berechnungen, Worte und Schriften hingegen erschaffen ein Ding, mit dem sie vollkommen identisch sind, heißt es weiter in Jehuda Halevis Buch *Kusari*.

In moderner Wissenschaftssprache kann man das so interpretieren, daß bei den Grundlagen der Schöpfung Kraftfelder zum Tragen kommen, die jenseits der Polarität wirken (also außerhalb der Betrachtungsebene, die überhaupt erst zwischen Ich und Du unterscheidet) und damit auch außerhalb von Raum und Zeit. Genau solchen „Schöpfungsfeldern" ist aber die moderne Wissenschaft bereits auf der Spur.

Die persönliche Grundmatrix

Die Gesamtheit des bürgerlichen und des genetischen Namens eines Menschen - also die *kosmische Biometrie* - bestimmt für jeden Menschen seinen Platz im Leben. Das gilt nicht nur im biologischen Sinne, sondern auch in geistiger und gesellschaftlicher Hinsicht. Allerdings bedeutet dies noch kein „vorbestimmtes Schicksal", sondern eher eine persönliche Grundmatrix.

In einem solchen Denkmodell ist durchaus noch Platz für den freien Willen. Es ist uns möglich, vieles in unserem Leben selbst frei zu gestalten - aber eben nicht alles! Genau wie der genetische Code den Aufbau unseres Körpers festlegt und auf diese Weise unsere Fähigkeiten, aber auch unsere Begrenzungen bestimmt (z. B. können wir nicht fliegen), legt der bürgerliche Name ein Grundraster unseres Charakters fest.

Innerhalb dieser Grundmatrix haben wir alle Chancen, uns bewußtseinsmäßig und charakterlich weiterzuentwickeln, zumal die Deutungen der einzelnen Zahlen im kabbalistischen System Raum für breiter angelegte Interpretationen lassen, als man anhand der Tabelle vermuten könnte. Dennoch bleibt für jeden von uns eine Grundtendenz bestehen, etwas, was uns im tiefsten Innern zu eigen ist und bewirkt, daß wir manchmal „nicht aus unserer Haut" heraus können. Da hat es dann gar keinen Zweck, sich dagegen zur Wehr zu setzen, denn dieses Grundmuster ist auf keinen Fall schlecht.

Wir leben in einer Welt der Polarität, und da hat jedes Ding zwei Seiten. Auch unsere persönliche Matrix ist eine Grundausstattung, die uns in erster Linie helfen und nicht behindern soll. Voraussetzung ist es, daß wir wissen, was uns im tiefsten Innern eigentlich antreibt, damit wir nicht aus oberflächlichen Überlegungen heraus in eine andere Richtung gehen und so lebenslang gegen unseren eigenen Strom schwimmen. Erst in solch einem Moment kann aus der Grundcharakteristik, die aus unserem Namen folgt, ein Hindernis im Leben werden.

Vorsicht bei Namensänderungen!

Insofern ist es nicht ganz ungefährlich, daherzugehen und sich ganz einfach einen anderen Namen zuzulegen, um sich, wie man meinen könnte, eine „bessere" Konstellation zu verschaffen. Natürlich wollen wir alle siegreich und erfolgreich im Leben sein. Aber wer sagt denn, daß man das nur über eine bestimmte Zahl im Namen erreichen kann? Es gibt so viele unterschiedliche Wege, im Leben voranzukommen.

Es gab und gibt zu allen Zeiten viele Menschen, die im Laufe ihres Lebens den Namen wechselten. Manche müssen dies tun, etwa weil sie heiraten oder adoptiert werden und die Gesetze ihres Landes die Annahme eines neuen Familiennamen vorschreiben. Andere wählen sich Künstlernamen, weil sie so hoffen, sich vor dem breiten Publikum besser „verkaufen" zu können.

Bei manchen Menschen ging es gut, andere dagegen sind auf diese Weise direkt ins Unglück gerannt. Ein besonders krasses Beispiel war die Schauspielerin *Marilyn Monroe*, deren Schicksal genauer im Buch „*Niemand ist Nobody*" analysiert ist, das ich gemeinsam mit Grazyna Fosar verfaßt habe. Marilyn Monroe hieß eigentlich *Norma Jean Baker* und war ein selbstbewußter Siegertyp mit hoher persönlicher Ausstrahlung (Namenszahlen 7 und 15). Die Annahme des Künstlernamen Marilyn Monroe hingegen (Namenszahlen 11 und 18) war zwar durchaus förderlich für ihre künstlerische Tätigkeit, führte aber dazu, daß man sich in der Öffentlichkeit ein falsches Bild von ihr machte (18 - in der negativen Polarität: Lüge, Rufmord). So wurde aus ihr ein Typ des hübschen blonden Dummchens gemacht, der sie in Wahrheit überhaupt nicht war, sondern den sie nur in manchen ihrer Filmrollen verkörperte - ein Zwiespalt, an dem sie letztendlich zerbrach.

Vergessen wir nicht: Durch die Annahme eines neuen Namen werden wir nicht automatisch auch ein neuer Mensch. Anders ausgedrückt: Der Name „macht" nicht unser Schicksal, er drückt es nur aus. Der Geburtsname eines Menschen ermöglicht es sogar, Zugang zu Informationen aus früheren Leben zu erhalten (Genaueres über solche Karma-Analysen im Buch *„Niemand ist Nobody"*), die sein heutiges Leben - über seinen Namen - mit prägen. Diese Möglichkeit basiert auf der Annahme, daß Ereignisse eines Lebens nicht mit dem Tode des Menschen verlorengehen, sondern in einem kosmischen Informationsfeld erhalten bleiben. Die genauere Natur eines solchen hypothetischen Feldes beginnen wir heutzutage erst schrittweise wissenschaftlich zu verstehen. Es dürfte sich um das *morphogenetische Feld* handeln - ein Denkmodell, das auf den britischen Biologen (und Co-Autor dieses Buches) *Rupert Sheldrake* zurückgeht.

Physikalische Grundlage eines solchen Informationsfeldes könnten hypothetische *kosmische Axionen* sein - ein Bestandteil der geheimnisvollen Dunkelmaterie im Universum. Forscher in den USA bemühen sich derzeit um den Nachweis dieser Teilchen, die nach der Theorie überall im Universum ein regelmäßiges Gitter bilden, das Informationen speichern und überall - unabhängig von Raum und Zeit - abrufbar machen kann. Ein verwandtes wissenschaftliches Denkmodell spricht von außerraumzeitlichen Higgs-Feldern und Higgs-Bosonen, aus denen alle Materie aufgebaut sein soll. Wissenschaftler bezeichnen sie häufig auch als „Gottesteilchen".

Name und Selbsterkenntnis

Wir leben in sehr spannenden Zeiten, in denen es zunehmend möglich wird, uraltes, teilweise esoterisches Wissen in unser modernes, von der Naturwissenschaft geprägtes Weltbild einzugliedern. In diesem Zusammenhang wird auch die uralte Kunst der kabbalistischen Namensdeutung zunehmend nachvollziehbar. Es handelt sich dabei, wie wir gesehen haben, nicht um „Wahrsagen" oder das Voraussehen der Zukunft, sondern vielmehr um einen wichtigen Prozeß der Selbsterkenntnis.

Dem uralten Imperativ „Nosce te ipsum" („Erkenne Dich selbst") sollte daher immer das „Erkenne Deinen Namen" vorangehen. Der eigene Name liefert jedem Menschen einen unmittelbaren Zugang zu seinen eigenen innersten Persönlichkeitsanteilen. Er kann daraus direkt erkennen, wo seine Stärken und Schwächen liegen und worauf er in seinem Leben besonderen Augenmerk legen sollte.

Es gibt kaum einen Menschen, der seinen eigenen Namen mag. Diese seltsame Tatsache könnte auch dadurch begründet sein, daß der Name jeden Menschen direkt mit sich selbst konfrontiert, darunter auch mit Anteilen seiner Persönlichkeit, über die er vielleicht lieber den Mantel des Vergessens ausbreiten würde. Doch das ist Augenwischerei. Der Name offenbart keine düsteren, verborgenen Abgründe, wie sie Oscar Wilde im „Bildnis des Dorian Gray" beschrieb. Die Bedeutung seines eigenen Namen zu kennen, ist vielmehr eine Chance, sich mit seinem Namen (und dem, was er repräsentiert) auszusöhnen und dadurch bewußter und in besserer Harmonie mit sich selbst zu leben. ∎

FRANZ BLUDORF ist Mathematiker, Physiker, Buchautor und Chefredakteur der Zeitschrift Matrix3000. Gemeinsam mit Grazyna Fosar verfaßte er bislang insgesamt 16 Bücher zu grenzwissenschaftlichen und spirituellen Themen, von denen einige zu Bestsellern wurden. Darüber hinaus ist er durch zahlreiche Fernseh- und Rundfunkauftritte einem breiteren Publikum bekannt geworden. Kontakt: www.fosar-bludorf.com

Rupert Sheldrake

Hört auf die Tiere

Viele Tiere entkamen dem großen Tsunami am zweiten Weihnachtstag 2004 in Asien. Elefanten auf Sri Lanka und Sumatra zogen in höhergelegene Regionen, bevor die gigantischen Wellen eintrafen, und sie taten das Gleiche in Thailand, und sie trompeteten, bevor sie es taten.

Nach dem Bericht eines Dorfbewohners in Bang Koey, Thailand, graste eine Büffelherde am Strand, als die Tiere „plötzlich ihre Köpfe hoben und hinaus auf das Meer sahen, mit aufgerichteten Ohren." Sie wendeten sich um und stürmten den Hügel hinauf, gefolgt von den verwirrten Dorfbewohnern, deren Leben dadurch gerettet wurde.

Am Strand von Ao Sane, in der Nähe von Phuket, rannten Hunde die Hügel hinauf, und in Galle auf Sri Lanka waren Hundebesitzer erstaunt über die Tatsache, daß ihre Tiere sich weigerten, für ihren üblichen Morgenspaziergang zum Strand zu gehen. Im Cuddalore-Distrikt in Südindien entkamen Büffel, Ziegen und Hunde, und das Gleiche gelang einer Kolonie von Flamingos, die in höher gelegene Regionen flogen. Auf den Andamanen-Inseln zogen „Steinzeit"-Stammesgruppen vor der Katastrophe von der Küste fort, alarmiert durch das Verhalten der Tiere.

Woher wußten die Tiere das? Die übliche Vermutung ist es, daß die Tiere Schwingungen spürten, die von dem unterseeischen Erdbeben verursacht wurden. Diese Erklärung erscheint mir nicht überzeugend. Es wären überall in Südostasien Schwingungen zu spüren gewesen, nicht nur in den betroffenen Küstenregionen. Und wenn Tiere in der Lage sind, Zerstörungen durch Erdbeben vorherzusagen, indem sie leichte Schwingungen erspüren, wieso können es dann Seismologen nicht?

Tiere scheinen es auch zu wissen, wenn andere Arten von Kalamitäten sich zu ereignen drohen. In meinem Buch *„The Sense of Being Stared At"* fasse ich eine große Anzahl von Beweisen für ungewöhnliches Verhalten von Tieren vor einem Erdbeben zusammen, inklusive der jüngsten Erdbeben in Kalifornien, dem Erdbeben in Kobe (Japan) 1995 und dem Erdbeben von Assisi (Italien) 1997. In allen Fällen gab es viele Berichte über Wildtiere und Haustiere, die sich schon Stunden oder sogar Tage vor dem

Erdbeben furchtsam, verängstigt oder sonstwie ungewöhnlich benahmen. Das Gleiche trifft zu für das Erdbeben von 1999 in der Türkei mit dem Epizentrum bei Izmir. Hunde heulten bereits Stunden vor dem Erdbeben, und viele Katzen und Vögel benahmen sich ungewöhnlich.

Am 28. Februar 2001 erschütterte ein Erdbeben der Stärke 6,8 die Gegend von Seattle, und erneut benahmen sich Tiere zuvor untypisch. Von manchen Katzen hieß es, sie hätten sich ohne ersichtlichen Grund schon bis zu 12 Stunden vor dem Erdbeben versteckt; andere verhielten sich eine oder zwei Stunden vorher schon ängstlich oder „flippten aus"; einige Hunde bellten „ungestüm", bevor das Erdbeben begann; und Ziegen und andere Tiere zeigten offensichtliche Anzeichen von Furcht.

Niemand weiß, wie manche Tiere kommende Erdbeben spüren. Vielleicht schnappen sie subtile Töne oder Vibrationen im Erdboden auf; vielleicht reagieren sie auf unterirdische Gase, die vor einem Erdbeben freigesetzt werden, oder sie reagieren auf Änderungen im elektromagnetischen Feld der Erde. Sie könnten aber auch im Voraus spüren, was geschehen wird, in einer Weise, die jenseits des heutigen wissenschaftlichen Verständnisses liegt, durch eine Art von Vorauswissen.

Tiere können auch von Menschen verursachte Katastrophen vorhersehen, wie z. B. Luftangriffe. In meinem Buch *„Dogs That Know When Their Owners Are Coming Home" (deutscher Titel: „Der siebte Sinn der Tiere", Anm. d. Hrsg.)* beschreibe ich, wie während des Zweiten Weltkrieges viele Familien in Großbritannien und Deutschland auf das Verhalten ihrer Haustiere vertrauten, die sie vor herannahenden Luftangriffen warnten, noch bevor offizielle Warnungen ergingen. Diese Warnungen durch die Tiere erfolgten, als die feindlichen Flugzeuge noch Hunderte von Meilen entfernt waren, lange bevor sie sie hätten hören können. Manche Hunde in London spürten sogar die Explosionen deutscher V-2-Raketen voraus. Diese Waffen flogen mit Überschallgeschwindigkeit und konnten daher nicht im Voraus gehört werden.

Untypisches Tierverhalten ereignet sich auch vor Lawinenunglücken. Am 23. Februar 1999 verwüstete eine Lawine das österreichische Dorf Galtür in Tirol und tötete Dutzende von Menschen. Am Tag zuvor kamen die Gemsen von den Bergen in die Täler, etwas, was sie normalerweise nie tun. Durch Besuche in zahlreichen Alpendörfern in Österreich und der Schweiz fand ich heraus, daß Lawinen hauptsächlich von Gemsen und Steinböcken vorhergesehen werden, aber auch von Hunden. Obwohl es immer noch unerklärt ist, könnte diese Fähigkeit offensichtlich einen Überlebenswert für bergbewohnende Tiere haben und würde daher durch die natürliche Selektion begünstigt werden.

Mit nur sehr wenigen Ausnahmen wurde die Fähigkeit der Tiere, Katastrophen vorauszuahnen, von westlichen Wissenschaftlern ignoriert, die Berichte von tierischem Vorauswissen grundsätzlich als Anekdoten oder Aberglauben abtun. Im Gegensatz dazu haben die Behörden in erdbebengefährdeten Regionen Chinas schon seit den siebziger Jahren die Bevölkerung aufgefordert, ungewöhnliches Tierverhalten zu melden, und chinesische Wissenschaftler haben eine eindrucksvolle Erfolgsbilanz in der Erdbebenvorhersage. In zahlreichen Fällen gaben sie Warnungen aus, die es ermöglichten, Städte schon Stunden vor einem zerstörerischen Erdbeben zu evakuieren, wodurch Zehntausende von Leben gerettet wurden.

Indem man ungewöhnliches Tierverhalten beobachtet und registriert, wie die Chinesen es tun, könnten auch Erdbebenwarnsysteme in Kalifornien, Griechenland, der Türkei, Japan und anderswo machbar sein. Millionen von Tierhaltern und Farmern in erdbebengefährdeten Regionen könnten durch die Medien aufgefordert werden, an diesem

Projekt teilzunehmen. Man könnte ihnen erklären, welches Verhalten ihrer Haustiere oder anderer, wilder Tiere ein Anzeichen sein könnte, daß ein Erdbeben bevorsteht – in der Regel Zeichen von Angst oder Furcht. Wenn Menschen solche Anzeichen bemerkten oder auch jegliches andere ungewöhnliche Verhalten, könnten sie unverzüglich eine Telefon-Hotline mit einer leicht zu merkenden Nummer anrufen – in Kalifornien z. B. 1-800-PET QUAKE. Oder sie könnten eine Nachricht über das Internet senden.

Ein Computersystem könnte die Orte analysieren, von denen die Meldungen kamen. Wenn von irgendwoher eine ungewöhnlich hohe Anzahl von Meldungen käme, könnte es automatisch einen Alarm auslösen und auf einer Landkarte die Orte anzeigen, von denen die Anrufe gekommen waren. Es würde vermutlich eine Anzahl falscher Alarme geben von Menschen, deren Tiere z. B. nur krank sind, und es könnte natürlich auch eingestreute Scherzanrufe geben. Aber wenn es zu einer plötzlichen Häufung von Anrufen aus einer bestimmten Region käme, könnte das ein Indiz dafür sein, daß ein Erdbeben bevorsteht. Die gleichen Prinzipien wären auch für Tsunamis anwendbar.

Die Möglichkeiten eines durch Tiere unterstützten Frühwarnsystems würde nur einen Bruchteil dessen kosten, was für die derzeitige Erdbeben- und Tsunami-Forschung ausgegeben wird. Indem wir diese Forschung durchführen würden, könnten wir mit Sicherheit etwas lernen, und wir könnten vermutlich viele Leben retten.

Gegenwärtig werden viele Millionen Pfund für den Aufbau von Tsunami-Frühwarnsystemen bereitgestellt. Ich hoffe, daß diejenigen, die für die Zuteilung dieser Gelder verantwortlich sind, nicht länger ignorieren, was die Tiere uns zu sagen haben. ∎

Rupert Sheldrake studierte in Cambridge Biologie und Biochemie, später an der Harvard University Philosophie. An der Universität Cambridge promovierte er 1967 in Biochemie. 1981 stellte er eine Hypothese auf, nach der sogenannte morphogenetische Felder existieren, die die Entwicklung von Strukturen beeinflussen sollen. Seit 2005 leitet er ein parapsychologisch orientiertes Forschungsprojekt, das aus einer von der Universität Cambridge verwalteten Stiftung finanziert wird.
Kontakt: www.sheldrake.org/Deutsch/

Uri Geller

Hast Du Angst vor Deinem eigenen Geist?

Das menschliche Gehirn kann unglaubliche Spezialeffekte hervorbringen, die Dich mehr vom Stuhl reißen können als jeder spannende Film.

Aber dies sind keine Tricks – alle meine Geistestechniken sind spezielle Übungen, von denen jeder lernen kann, sich daran zu erfreuen.

Also – versammele eine Gruppe von Freunden um Dich, ziehe die Vorhänge zu und dimme die Lampen.

Und wenn Du etwas in der Dunkelheit rumpeln hörst... dann ist das sicher Dein eigener Herzschlag!

Papier-Spinner

Versuche dies und fasziniere Dich selbst – es ist ein großartiges Experiment, wenn Du allein oder nur mit einem Freund zusammen bist (obwohl ich schon gesehen habe, daß es auch auf großen Parties funktioniert hat).

Nimm ein Blatt Papier, schneide ein etwa sechs mal sechs Zentimeter großes Quadrat aus und falte es von oben nach unten.

Öffne das Blatt wieder und falte es erneut, diesmal von links nach rechts. Du hast jetzt ein quadratisches Stück Papier, das in vier kleinere Quadrate gefaltet ist.

Falte es nun diagonal, von Ecke zu Ecke, dann öffne es und falte es entlang der anderen Diagonale, von Ecke zu Ecke.

Nun hast Du ein Quadrat, das in acht Dreiecke geteilt ist.

Drücke es entlang der Diagonalen nach innen, bis Du eine Sternform erhältst.

Nimm eine Nadel und eine kleine Kugel aus Blu-Tack. Drücke den Nadelkopf in die Kugel, so daß die Spitze nach oben zeigt, und plaziere den Papierstern darauf wie einen Hut.

Die Nadelspitze sollte in Zentrum des Papiers sein, wo sich die Falten kreuzen, ohne das Papier zu durchstechen, so daß der Stern ausbalanciert ist.

Ein leichter Atemhauch oder eine Berührung mit dem Finger wird den Stern veranlassen, sanft zu rotieren.

Jetzt kommt der faszinierende Teil.

Ohne ihn zu berühren oder anzuhauchen, nur indem Du Deine Hände um ihn herum legst, kannst Du den Stern veranlassen zu rotieren.

Da sind keine Luftströmungen, Körperwärme oder ein Trick mit den Händen im Spiel

Es ist die Kraft des Geistes.

Stelle Deinen Papier-Spinner auf einen Tisch und setze Dich davor.

Nähere Deine offenen Handflächen dem Stern.

Biege Deine Finger um den Spinner. Schaue ihn an und atme ruhig und regelmäßig. Der Stern wird sich sanft zu drehen beginnen.

Gib ihm innerlich Befehle Deines Geistes. Konzentriere Dich auf ihn und bringe ihn dazu, sich zu drehen.

In den ersten 30 Sekunden oder so ist es möglich, daß nichts geschieht.

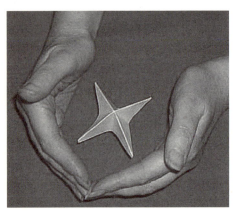

Dann kann der Stern sich um seine Achse zu drehen beginnen, sehr langsam, möglicherweise im Gegenuhrzeigersinn.

Psychometrie

Bitte Deine Freunde, daß jeder ein wertvolles Objekt zur Party mitbringt, verschlossen in einem Umschlag. Es muß etwas sein mit einer starken emotionalen Bedeutung – Vaters alte Armbanduhr, Großmutters Brosche, die Perlen der Tante, eine Krawatte aus der Schulzeit.

Wenn Deine Gäste kommen, können sie die Umschläge in einen Karton neben der Eingangstür legen.

Bildet einen Kreis, und bitte alle, sich an den Händen zu fassen, während Du einen Umschlag nimmst und öffnest.

Ohne zu fragen, wer den Gegenstand mitgebracht hat, halte ihn an Dein Herz und sieh, welche Eindrücke durch Dein Gehirn fließen.

Da ist kein Trick dabei – sei nur offen und empfänglich und sage ehrlich, was Dir in den Sinn kommt.

Deine Freunde werden erstaunt sein, wie akkurat sich die Geschichte jedes Gegenstandes entfaltet.

Dieses alte viktorianische Gesellschaftsspiel wird Psychometrie genannt. Metalle eignen sich besonders gut für viele Leute, die es zum ersten Mal ausprobieren.

Andere finden heraus, daß sie jedes Objekt „lesen" können, indem sie durch eine Abfolge von Eigentümern hindurchsehen, oder durch kurze Kontakte, die sich Hunderte von Jahren zurückerstrecken können.

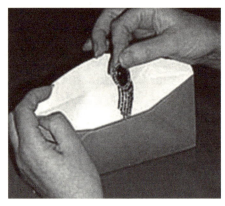

Eine Person sieht, wie sich Ereignisse vor ihren Augen entfalten, eine andere hört Stimmen, eine dritte sammelt vielleicht Impressionen, eine vierte hat kurze halluzinatorische Blitze, eine fünfte geht in eine Trance, eine sechste spricht oder schreibt automatisch.

Hab keine Angst. Lasse den psychischen Sinn seine Magie entfalten.

Blindes Sehen

Nimm drei oder vier identische Objekte in verschiedenen Farben – zum Beispiel ein rotes, ein grünes, ein blaues und ein schwarzes.

Wollknäuel sind gut geeignet, oder wie wäre es, einige Blumentöpfe anzumalen? Kinder lieben das.

Gib alles in eine Tasche und schließe die Augen. Für eine effektvollere Wirkung lege eine Augenbinde um.

Mische die Objekte in der Tasche und wähle eines zufällig aus.

Halte Deine Augen fest geschlossen und sieh zu, ob Du die Farbe erraten kannst.

Lasse die Energie der Farbe durch Deine Hände strahlen und Deinen Geist durchfließen.

Was für Emotionen spürst Du, wenn Du mit dem Objekt hantierst? Welche Farbe löst bei Dir diese Emotionen aus?

Rot kann sich voller Lebensenergie oder sogar heiß anfühlen. Blau steigert die Klarheit Deines Geistes. Grün füllt Deine Vorstellung mit üppigen, frischen Bildern. Weiß kann sich kalt oder elektrifizierend anfühlen.

Gib die Tasche und die Augenbinde weiter, so daß jeder Gast die Chance hat, das Experiment zu versuchen.

Am einfachsten könnte es funktionieren in einem hell erleuchteten Raum, und denke daran, es ist immer eine Sache von „je mehr, desto besser" – psychische Energie fließt immer am besten in einer Gruppe.

Löffelbiegen

Für die besten Resultate brauchst Du mindestens ein Dutzend Freunde – suche solche Leute aus, die zum Spaß alles ausprobieren, weil es für Eure Bemühungen nicht hilfreich wäre, wenn ein nörgelnder Skeptiker darunter ist. Und lade Leute ein, die Kinder haben, diese mitzubringen – Kinder können hervorragende Löffelbieger werden, und die Energie Ihrer Fröhlichkeit ist ansteckend.

Lasse jeden einen Löffel oder eine Gabel aus einem Korb mit Bestecken auswählen. Wenn Du Dein Teil nimmst, frage es laut: „Wirst Du Dich für mich biegen?"

Wenn Du ein sympathisches Prickeln in Deinen Fingerkuppen spürst, ist das Teil das richtige für Dich.

Fordere Deine Gäste auf, ihre Löffel zu halten und zu rufen: „Biegen! Biegen!"

Die Atmosphäre wird nun vergnügt werden, ein Szenario wachsender Verrücktheit – ideal für parapsychologische Phänomene. Ihr solltet so weit wie nur möglich von einer Atmosphäre trockener Laborexperimente entfernt sein!

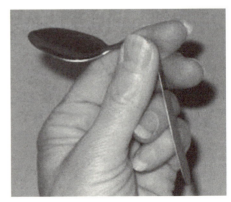

Halte Deinen Löffel an der Löffelschale, reibe den Stiel zwischen Daumen und Zeigefinger. Sage ihm, daß er sich biegen soll, biegen, biegen! Gehe herum und befiehl den Löffeln Deiner Freunde, sich zu biegen – ermutige ganz besonders die Kinder.

Sehr oft, insbesondere bei erstmaligen Teilnehmern, wird ein paar Minuten lang gar nichts passieren – und dann wird ein Löffel anfangen, sich zu biegen.

Üblicherweise beginnt es bei den Kindern, meistens bei den Mädchen. Ich denke, eine vollkommen unschuldige Offenheit ist der Schlüssel.

Und sobald einer sich biegt, klickt eine Kettenreaktion ein – jeder beginnt zu glauben, daß Metallbiegen für jeden möglich ist.

Ihr werdet Knoten in Messer und Schleifen in Suppenlöffel machen – viel Spaß!

Und noch eine kurze Bemerkung als Warnung...

Gib Dich nie mit Ouija-Brettern ab, und versuche auf keinen Fall, Geister zu beschwören.

Alle diese mentalen Spiele, die ich beschrieben habe, sind gedacht, um Deine eigenen Geisteskräfte zu fokussieren. Dein eigener Geist kann Dir nichts antun.

Andererseits wäre es dumm, die Tür für andere Wesen zu öffnen. Sei sehr aufmerksam, wen Du zu Deiner Party hereinläßt.

And now – the stage is yours! ■

URI GELLER ist aufgrund seiner PSI-Fähigkeiten weltberühmt. Sie wurden von namhaften Wissenschaftlern untersucht und bestätigt. Er ist Autor zahlreicher Bücher, Motivationstrainer und Künstler. Seit den siebziger Jahren ist er aus vielen Fernsehsendungen bekannt, zuletzt als Star der Fernsehshow „The Next Uri Geller". Für seinen Einsatz für kranke Kinder erhielt er zahlreiche Ehrungen. Neben dem Dalai Lama ist Uri Geller auch Schirmherr der Aktion „Climb for Tibet".
Kontakt: www.uri-geller.com

Wulfing von Rohr

Jeder ist (s)ein Mittelpunkt

Hierarchien und vernetzte Lichtpunkte

Kein Wesen kann zu nichts zerfallen,
Das Ew'ge regt sich fort in allen,
Am Seyn erhalte dich beglückt!
Das Seyn ist ewig, denn Gesetze
Bewahren die lebend'gen Schätze
Aus welchen sich das All geschmückt.
    Das Wahre war schon längst gefunden,
    Hat edle Geisterschaft verbunden,
    Das alte Wahre fass' es an.
    Verdank' es, Erdensohn, dem Weisen
    Der ihr die Sonne zu umkreisen
    Und dem Geschwister wies die Bahn.
Sofort nun wende dich nach innen,
Das Centrum findest du da drinnen
Woran kein Edler zweifeln mag.
Wirst keine Regel da vermissen,
Denn das selbstständige Gewissen
Ist Sonne deinem Sittentag.
                      Johann Wolfgang von Goethe,
                      Vermächtniß, Anfangsstrophen

Dreht sich die Sonne um die Erde?

Lange Jahrhunderte meinten herrschende Kreise, daß die Sonne um die Erde kreist. Fast genauso lange meinten Inhaber von Machtpositionen, daß die Erde eine Scheibe ist. Es spielte keine Rolle, daß griechische Philosophen und Forscher schon Jahrhunderte vor Jesu Geburt das Gegenteil herausfanden. Die christlich Beherrschten mußten dennoch glauben, daß sich die Sonne um die Erde drehe. Cuius regio, eius religio, der Untertan hat die Religionswahl seines Oberhauptes nachzuvollziehen. Unser Weltbild, unsere Sichtweise, die Farbe unserer Brille und unsere Dogmen bestimmen und legen lange Zeit unverrückbar fest, was und wie wir erst einmal überhaupt wahrnehmen, dann, was wir erleben, und schließlich das, was wir als Wahrheit betrachten und verkünden. Zu solchen anscheinend kaum verrückbaren Dogmen gehört die Vorstellung, daß Religion, Metaphysik, Esoterik und Spiritualität nur in Form von Hierarchien gedacht und angestrebt werden könnte.

Die verinnerlichten Hierarchien und das Pyramidenmodell

Hierarchie verheißt Ordnung statt Chaos. Hierarchie bringt ihrem Wesen nach jedoch Machtgelüste mit sich; zudem zieht sie auf Dauer fast immer Machtmißbrauch nach sich. Hierarchien folgen einem Pyramidenmodell. Ganz oben an der Spitze steht ein Mensch (oder ein unsichtbares Wesen) und hat unbeschränkte Macht bzw. Weisheit. Er gilt als erleuchtet bzw. erlöst und übt Macht aus. Bei geistigen Wesen, bei „Gott", nimmt man an, Macht werde auf weise Weise ausgeübt. Bei Menschen an Spitzen von Hierarchien vermutet man das seit den Zeiten des Gottes-Königtums schon längst nicht mehr. Auch Gurus üben Macht aus, auch wenn sie das angeblich gar nicht wollen. Unterhalb jeder hierarchischen Spitze gibt es Bannerträger der Idee und Stellvertreter der Macht.

Im politischen Raum ist uns das hierarchische Modell nach den Katastrophen des zwanzigsten Jahrhunderts mit Hitler, Stalin, Pol Pot, Saddam Hussein, Osama Bin Laden mehr als deutlich geworden. Im Bereich der Wirtschaft meinen wir meist, daß es ohne Hierarchie gar nicht ginge. Auf dem Feld des Glaubens können wir uns etwas anderes sogar noch nicht einmal vorstellen.

In Religion und Spiritualität heißt das hierarchische Pyramidenmodell zum Beispiel: Oben ist Gott, die absolute Wahrheit. Darunter bzw. daneben stehen aufgestiegene Meister. Danach kommen Avatare. Dann „fortgeschrittene" Menschen. Danach wir als das spirituelle Fußvolk.

Ein anderes Beispiel, das den meisten vielleicht vertrauter vorkommt: Oben ist der absolute Gott. In einer nicht recht verständlichen „Dreieinigkeit" ist entweder in Gott oder dicht dabei oder darunter Gott-Vater, der Sohn und der Heilige Geist. Dann kommen Maria, die Erzengel und die verstorbenen Heiligen. Spätestens dann kommt das Kirchenoberhaupt, entweder als Stellvertreter Petri auf dem heiligen Stuhl oder zum Beispiel als Ayatollah, als Dalai Lama oder als Oberrabbiner. Vielleicht erkennt man dann einige heiligmäßige lebende Menschen nahe der Pyramidenspitze an, oder auch nicht. Dann kommen Kardinäle und Erzbischöfe, Rinpoches oder Rabbiner, und so fort, also Kleriker bzw. Schriftgelehrte. Dann folgen treue gläubige KirchgängerInnen bzw. sonstige AnhängerInnen. Schließlich die „lauen" Getauften oder der Gemeinde sonstwie Zugehörigen, die aber in der Praxis nicht recht mitmachen. Am Ende, vielleicht gar schon außerhalb jeder Heils- und Erlösungschance, die Ungetauften oder die „Ungläubigen". Ganz unten dann diejenigen, welche den Wahrheitsanspruch einer Kirche oder Konfession offen angreifen.

Der Mönch und Zen-Meister Willigis Jäger hat einmal eine Analogie zwischen einer Sonnenfinsternis und einer Gottesfinsternis etwa so beschrieben: Bei einer Sonnenfinsternis stellt sich der Mond direkt zwischen Sonne und Erde, und es wird damit auch auf jener Seite unseres Planeten dunkel, welche der Sonne zugewandt ist. Was passiert nun, wenn sich eine Kirche oder eine Hierarchie zwischen Gott und den Menschen stellt? Dann wird das Licht Gottes verdunkelt, und das Leben der Menschen verfinstert sich. „Sehet zu, daß das Licht in euch nicht Finsternis sei" und „Das Licht scheinet in der Finsternis, die Finsternis hat's nicht ergriffen", sagt uns das Johannes-Evangelium.

Drei Arbeiter klopfen Steine

Ein Mann kommt in der Zeit des Mittelalters zu drei Leuten, die in Sichtweite voneinander am Boden rund um Felssteine sitzen und sie behauen. Er fragt den ersten, was er gerade mache. Der antwortet: „Ich klopfe Steine." Er geht zum zweiten und stellt ihm dieselbe Frage. Dieser antwortet: „Ich verdiene mir den Tagelohn für meine Familie." Der dritte sagt dem Fragesteller: „Ich helfe mit, eine Kirche zu bauen." Drei Mal dieselbe Tätigkeit, drei verschiedene Sichtweisen, drei völlig unterschiedliche Lebenserfahrungen, und alle völlig nachvollziehbar und rechtschaffen.

Vermutlich kennen Sie eine ähnliche Geschichte von Saint-Exupéry. Er schrieb einmal, daß man hungrigen Menschen, die in der Nähe des Meeres leben, nicht Fische kaufen sollte, sondern ihnen vielmehr die Sehnsucht nach dem Meer vermitteln und ihnen dann vielleicht helfen könnte zu zeigen, wie man Boote baut und Netze knüpft.

Reale Vernetzung des Lebens und das Kugelmodell

Gibt es geistige Modelle, die nicht hierarchisch sind? Gibt es Sichtweisen des Lebens, bei denen wir nicht in Ehrfurcht erstarren vor Menschen, die angeblich höhere Einsichten haben oder als Sprachrohr des unsichtbaren Gottes bzw. der Göttin dienen? Gibt es Anschauungen, die uns nicht in unserer eigenen spirituellen Entfaltung lähmen, weil wir uns entweder als zu niedrig oder als zu sündig oder als noch viel zu unentwickelt betrachten (sollen)? Ich möchte Ihnen solch ein denkbares Modell vorstellen. Es erhebt keinen Anspruch auf „Gültigkeit", sondern dient dazu, daß wir uns nach und nach von alten Mustern befreien können (falls wir das wollen).

Stellen Sie sich bitte eine Kugel vor. Auf der Oberfläche dieser Kugel gibt es unendlich viele Punkte. Stellen wir uns eine Kugel von der Größe der Erde vor. (Wir wissen, daß die Erde in der physikalischen Wirklichkeit eher eine Art Apfel oder Birne ist.) Auf dieser gedachten großen Erdkugel gibt es praktisch unzählige einzelne Punkte. Und jeder dieser Punkte ist ... ja, er ist tatsächlich der Mittelpunkt der Oberfläche der Kugel. Aber: es gibt nicht nur einen einzigen Mittelpunkt, wie das bei einem Kreis zum Beispiel der Fall wäre, oder zwei wie bei einer Ellipse, sondern es gibt fast unendlich viele. Ein zweites Aber: obwohl jeder Punkt einen Mittelpunkt der Oberfläche darstellt, gibt es unzählig viele Mittelpunkte! Ein aufschlußreiches Paradox, nicht wahr?

Übertragen wir diese Modellvorstellung auf uns Menschen. Stellen Sie sich vor, wir alle als Menschen, als Seele, als Bewußtsein, sind zunächst wie Punkte auf der Oberfläche einer Kugel. Damit ist zu Recht jeder Mensch der Mittelpunkt seines Lebens. Um ihn kreist ganz legitim alles! Es ist ganz natürlich, daß jede Seele wie in einem Netzwerk mit anderen verbunden ist. In unserem Modell heißt das: jeder Punkt hat zu allen anderen Punkten eine Beziehung. Zunächst einmal sowieso deshalb, weil sich jeder andere Punkt auch auf der Oberfläche befindet. Dann, weil neben jedem Punkt andere sind, die ihm nahe stehen. Andere sind naturgemäß weiter entfernt. Aber sogar zu den genau gegenüberliegen Punkten hat jeder Punkt eine Beziehung.

Gehen wir noch einen Schritt weiter, schauen wir zum Inneren der Kugel. Jeder Punkt auf der

Oberfläche ist ein Mittelpunkt. Gleichzeitig ist jeder Mittelpunkt von der Mitte des Kugelinneren exakt gleich weit entfernt. Etwas, das wiederum wie ein Paradox wirkt, oder nicht? Jeder Punkt ist Mittelpunkt, aber es gibt fast unendlich viele Mittelpunkte – und das ist kein Widerspruch. Und außerdem ist jeder Mittelpunkt vom Inneren gleich weit entfernt. Stellen wir uns nun vor, daß im Inneren dieser Kugel nicht nur einfach eine Mitte ist, sondern eine wunderbare Quelle von Licht, Leben, Erleuchtung, Weisheit, Glück, Beseligung und so fort. Vielleicht nennen wir das auch Gott, das Unaussprechliche, oder anders.

Stellen wir uns – nur als Modell – vor, daß die Quelle im Inneren die schöpferische Kraft ist, die in allem Leben wirkt, im Universum und im Menschen, im Himmel und auf der Erde, in der Natur und in geistigen Bewußtseinsräumen. Dann bedeutet das: jeder Mensch ist Mittelpunkt seines Lebens; und jeder Mensch ist der göttlichen Quelle der ganzen Kugel gleich fern bzw. nah. Brauchen wir noch eine Pyramide, ein weit oben und ein tief unten? Brauchen wir Vorbilder in schwindelnder, unerreichbarer Höhe, was dann allzu oft nur zu spiritueller Niedergeschlagenheit führt?

Überlegen wir einen dritten Aspekt, nämlich die unbestreitbare Tatsache, daß es immer wieder Menschen gibt, die leuchtende Vorbilder sind, spirituelle HelferInnen und Heilige oder MystikerInnen. Wie würde das in ein solches Modell passen, daß es doch Menschen gibt, die „weiter" sind, die „entwikkelter" sind, liebevoller, selbstloser, vollkommener? Doch, auch das paßt durchaus in dieses Modell der Bewußtseinsentfaltung. Stellen Sie sich einfach vor, daß jeder Mittelpunkt auf der Oberfläche dann, wenn er sich dem Inneren der Kugel zuwendet, von diesem Licht durchleuchtet wird. Vielleicht ähnlich, wie Licht durch Glasfasern fließt und oben am sichtbaren Ende austritt. Stellen Sie sich dann vor, daß manche Glasfaserendpunkte auf der Oberfläche der Kugel kein Licht zeigen, andere etwas heller sind, manche direkt strahlen, und einige wenige so leuchten, daß alles um sie herum in den Abglanz des Lichtes getaucht wird, das aus ihnen bzw. durch sie strömt.

Das Ziel der Bewußtseinsentwicklung wäre dann nicht, an die Spitze einer irgendwie gearteten Pyramide zu gelangen (also nicht, dem Papst oder Oberhaupt oder Meister näher zu sein oder selber dazu zu werden), sondern so viel Licht wie möglich durch sich hindurchstrahlen zu lassen. Und das im tiefen Erfahrungswissen, daß jede andere Seele das genauso könnte, wenn sie sich für die innere Quelle öffnete, in der demütigen oder besser einfach realistischen Erkenntnis, daß keine Seele weiter von der Quelle entfernt ist als der noch so heiligste andere Mensch.

Hat eine solche Sicht nicht etwas Befreiendes an sich? Um einem Mißverständnis spätestens jetzt vorzubeugen, wiederhole ich: Nichts spricht dagegen und alles spricht dafür, sich davon inspirieren zu lassen, daß andere Mittelpunkte auf der Oberfläche heller leuchten als ich selber. Das ist ein wunderbarer Impuls, daß ich mich selbst der Leuchtkraft in mir öffne. Dafür brauche ich jedoch keineswegs ein (meist unbewußt verinnerlichtes) Pyramidenmodell, ich brauche keine Hierarchie. Und wahre Heilige werden sich übrigens nach meiner begrenzten Kenntnis und Erfahrung auch in der spirituellen Vermittlung nicht als Spitze einer Hierarchie verstehen oder so auftreten, sondern – man sollte sie ruhig beim Wort nehmen – als „Bruder" oder „Schwester".

Selbst ein solches Kugelmodell (und unsere Erde ist ja immerhin in etwa auch eine Kugel, aber keine Pyramide) wird nicht die gesamte Wirklichkeit abbilden können. Und mit dem Pyramidenmodell werden manche Menschen lange Zeit hindurch gut vorwärts kommen und sich davon sicher gestützt wissen. Das soll nicht klein geredet werden. Ich möchte Sie jedoch ausdrücklich ermuntern, sich Ihre eigenen Gedanken zu machen und Ihre eigenen Modelle zu entwerfen, die dem, was für Sie spirituell wesentlich ist, vielleicht viel näher kommen als diese beiden Modelle. Sie werden zu dem, was Sie für sich selbst für möglich halten, früher oder später, aber ganz gewiß.

Geschlossene oder offene Modelle?

Hierarchische Pyramidenmodelle sind immer in sich „geschlossen". Es gibt da praktikabel nur eine Spitze. Wohin Doppelspitzen in der Praxis führen, ist ja bekannt; Dreigestirne als Leitspitze sind ohnehin noch seltener. Entweder gehört man dazu und arbeitet sich vielleicht hinauf oder hofft auf Gnadenerweise von oben – Stichworte Pendlerpauschale, Rücknahme von Mehrwertsteuererhöhungen, EU-Fragen. Das alles hat tatsächlich seine ganz praktischen Folgerungen. Wir haben ja keine direkte Demokratie, sonst würden ja Volksabstimmungen durchgeführt.

Das Kugelmodell ist im Vergleich dazu viel offener. Da dieses Bild jedoch eine Kugel mit einer letztlich begrenzenden festen Oberfläche beinhaltet, müßte und könnte auch dieses Modell natürlich noch verändert werden, um wirklich offen zu sein. Das soll hier nur angedeutet werden, weil ja der erste Schritt vom Pyramiden- zum Kugelmodell schon groß genug ist und viel Zeit braucht, in den Lebensalltag integriert zu werden. Eine offenere Version des Kugelmodells wäre eine bewegliche Blase, wie eine gigantische Seifenblase, die aber in sich stabil ist. Sie dehnt sich aus oder zieht sich zusammen, je nachdem, ob mehr oder weniger „Teilchen" (Luft bzw. Oberflächenlauge) dazu kommen. Wie gesagt: an dieser Stelle muß dieser kleine Impuls zum Weiternachdenken ausreichen.

Hierarchie als Stützkorsett – aber „Gott" ist größer

Der Glaubensruf der Muslime, „Allahu akbar", heißt nicht „Gott ist groß", sondern vielmehr „Gott ist größer!" Selbstverständlich ist Gott die höchste Wahrheit (auch wieder eine Pyramide? Sie sehen, wie sich das im Denken und in der Sprache auswirkt), vielleicht besser: die innerste Wahrheit – also: vermutlich ist das Unaussprechliche größer als jedes Modell. Natürlich kann kein Modell die ganze Wirklichkeit fassen und abbilden. Wenn wir aber schon auf einem mehr oder minder langen Teilstück unseres Bewußtseinsweges Krücken brauchen, dann sollten wir solche wählen, die uns beim Gehen oder Laufen nicht noch zusätzlich behindern.

Ich weiß inzwischen, daß sehr viele Menschen, auch und gerade im spirituellen Raum, regelrecht Angst davor haben, Hierarchien als Stützkorsett aufzugeben. Mag das in manchen eher seltenen Fällen mit der Sorge zu tun haben, die eigene Machtposition würde erodieren, so handelt es sich vor allem jedoch um eine echte Furcht davor, woran man sich denn würde halten können, wenn es die hierarchische Krücke nicht mehr gäbe. Wer ist dann für mein Leben verantwortlich, wenn ich die Verantwortung nicht mehr „nach oben" abschieben kann? Wer kann mich heilen, mich erlösen, wenn ich das nicht mehr auf einen Menschen oder ein Wesen oder eine Kraft „da oben" projiziere?

Als ich selber erfahren mußte, 1984, nach etwa drei Jahren des Zweifels, daß ich einem Scharlatan und Betrüger aufgesessen war, stellte sich diese Frage für mich einmal ganz existentiell. Sollte ich schnell von einem „Schoß", der sich unter dem Deckmantel eines angeblichen spirituellen Auftrages und tatsächlich vorhandener, allerdings eher magischer als rein geistiger Kräfte als Falle und Jauchegrube erwiesen hatte, auf einen neuen „sicheren" Schoß flüchten? Zu einem anderen „Meister"? In eine „Kirche"? Zu einer „Gruppe"?

Ich widerstand solchen bei mir allerdings eher schwachen Impulsen und wandte mich direkt an die höchste Kraft. Ich sprach innerlich mit und zu dieser Kraft, etwa so: „Du weißt, daß ich aus subjektiv lauteren Motiven nach wahrer Spiritualität gesucht habe. Ich bin nicht aufgrund von Partnerschaftsproblemen oder Krankheiten, nicht wegen Arbeitslosigkeit oder aus anderen direkten Nöten und Leiden auf diesen Weg gegangen (so legitim solche Motive als Antrieb immer auch sind!!!), sondern weil ich nach Dir, nach dem Unaussprechlichen gesucht habe. Also werde ich mich jetzt für eine unmittelbare direkte Fühlungnahme und Verbindung öffnen, gleich, wie lange das dauern mag – und das auch, obwohl ich mich jetzt so fühle, als ob ich ins Bodenlose fallen würde."

Ich fiel allerdings nicht, sondern stellte in den Tagen und Wochen und Monaten darauf fest, daß ich eher schwebte. Ich erfuhr, daß es eine unsichtbare geistige Kraft gab (und immer gibt), die mich und jeden anderen Menschen auch dann trägt, wenn er oder sie Zweifel hegt, sich von festen Mustern löst oder sich aus starren Hierarchien verabschiedet. „Unsere Motivation ist unser bester Schutz", pflegte unsere wunderbare liebe Yogalehrerin Anneliese Harf zu sagen. Das durfte ich unmittelbar und immer wieder aufs Neue erleben.

Sicher argwöhnen dann manche durchaus wohlmeinende und geistig gebildete Zeitgenossen, daß das alles nur eine Verkleidung des Egos sei, oder schlimmer noch, daß sich dahinter womöglich der Anspruch auf Selbsterlösung verberge. Als mehrfacher Löwe bin ich mit einem dicken Ego gesegnet und kann und will gar nicht wie manche andere so tun, als ob ich super demütig und ergeben heilig wäre. Deshalb nehme ich beide Einwände auch persönlich an und nehme sie ernst. Jedoch falle ich dann doch immer noch lieber auf mein eigenes Ego herein als auf das von anderen, seien es „lebende MeisterInnen" oder "aufgestiegene MeisterInnen" oder auch nur eingebildete. Selbsterlösung funktioniert nicht, meine ich, weil wir als Menschen nicht nur die Beziehung zu Gott, zum Licht, zur innersten Wirklichkeit brauchen, sondern auch das lebendige Vorbild anderer Menschen, um daran und damit zu lernen. Deshalb bin ich selbstverständlich allen Heiligen von Herzen dankbar und möchte von vielen lernen. Das bedeutet jedoch nicht, daß daraus eine Abhängigkeit erwachsen dürfte. Ich war und bin nicht bereit, kritische Bewußtheit „an der Garderobe" abzulegen, auch nicht gegenüber den allerschönsten Idealen und Methoden oder Wegen und Kirchen.

Durch einen geistigen Lehrer, der freie Entscheidung und freien Willen gerade in Fragen der Spiritualität vollständig achtete, erhielt ich wesentliche spirituelle Hilfestellungen, die keine neuen Bindungen mit sich brachten. Inzwischen habe ich auf meinem Weg auch zu Jesus, Maria und den Engeln gefunden. Dennoch und gerade aufgrund meiner sehr weit gesteckten persönlichen spirituellen Erfahrungen behalte ich mir weiter vor, kritische Meinungen zu äußern, sowohl gegenüber Kirchenvertretern als auch geistigen Lehrern, und sähen sie noch so hoch gestellt aus. Ich löse mich mehr und mehr aus Hierarchien heraus, auch aus spirituell begründeten, ohne selber neue aufzubauen. Das bedeutet nicht – es sei erneut betont – daß ich mir einbilde, alles allein zu können. Aber ohne die direkte innere, wiederholte und unzweifelhafte geistige Stimme oder sogar Offenbarung muß ich keiner irgendwie gearteten Hierarchie die geistige Verfügungsgewalt über meine Bewußtseinsentwicklung übertragen.

Das Risiko des Lebens

Wenn Du lachst, riskierst Du vielleicht, als Narr zu gelten. Wenn Du weinst, riskierst Du unter Umständen, sentimental zu wirken. Wenn Du auf einen anderen Menschen zugehst, riskierst Du tatsächlich, Dich zu engagieren. Wenn Du Deine Gefühle zeigst, riskierst Du, Dein wahres Ich zu zeigen. Wenn Du Deine Gedanken, Deine Ziele oder Deine Träume mit anderen Menschen teilst, riskierst Du vielleicht, sie zu verlieren. Zu lieben bedeutet, immer wieder aufs Neue zu riskieren, daß Du nicht wieder geliebt wirst.

Zu lieben heißt, Sterben zu riskieren. Zu hoffen heißt, Entmutigung zu riskieren. Zu versuchen heißt, Mißerfolg zu riskieren. Aber: wir alle wissen, daß wir etwas riskieren müssen.

Die größte Gefahr, oder besser eher: die größte Versuchung im Leben ist, nichts zu unternehmen, nichts zu fühlen, nichts zu riskieren, nicht zu leben. Der Mensch, der nichts riskiert, tut nichts, hat nichts und ist nichts. Damit können wir zwar vielleicht Sorgen und Leiden vermeiden, aber wir werden einfach auch nicht lernen, spüren, uns wandeln, wachsen, lieben ... und noch nicht einmal wirklich leben. Wir werden dann durch die vermeintlichen Sicherheiten der Vergangenheit und durch überlieferte Muster gefesselt, die sich in der Wirklichkeit nicht haben bewähren müssen. Wir werden Sklave eines befürchteten Versagens oder der Mittelmäßigkeit. Wir geben unser Recht auf Erfolg und Erfüllung auf. Nur ein Mensch, der etwas riskiert, ist frei, Erfüllung zu finden.

Worauf es ankommt

Lösen wir uns vom rein hierarchischen Denken. Gewinnen wir unsere eigene Bewußtseinskraft zurück – indem wir uns von heller strahlenden Mitmenschen inspirieren lassen, indem wir von integren und kompetenten spirituellen Lehrerinnen und Lehrern lernen, indem wir jede Hilfe auf dem Weg dankbar annehmen. Vermeiden wir dabei aber Dogmen, blinden Glauben oder blinden Gehorsam und die Projektion, daß wir unseren eigenen Weg nicht selbst gehen müßten, sondern er uns ganz und gar abgenommen werden könnte.■

Wulfing von Rohr ist Bewußtseinsforscher, Chefredakteur des neuen ENGEL-magazins, Autor, Moderator von Engel- und Friedenstreffen sowie Seminarleiter. Er war zwanzig Jahre lang Fernsehjournalist. Kontakt: wulfing@aon.at; www.engeltage.org

Olaf Jacobsen

Resonanz in der Partnerschaft

Ich habe mir vor längerer Zeit einmal ausführlich über die Liebe Gedanken gemacht, die so viele Lieder komponiert, Romane erschafft, Geschichten schreibt und einfach jeden Menschen in irgendeiner Weise beschäftigt. Lange suchte ich nach einer einheitlichen Erklärung, was Liebe überhaupt ist - und fand sie nicht. Irgendwann kam mir selbst eine Erklärung (die ich inzwischen auch schon woanders wiederentdeckt habe), und die möchte ich Dir gerne vorstellen. Natürlich ist es eine weitere Sichtweise unter Milliarden von Sichtweisen, was Liebe ist.

Die Liebe

In meiner Kinderzeit habe ich im Kindergottesdienst oft das Lied gesungen „Gott ist die Liebe…". Und in vielen Büchern lese ich heute, daß Menschen davon überzeugt sind, Gott sei alles. Jeder wäre ein Teil Gottes. Wenn nun gilt „Gott = Alles" und „Gott = Liebe" dann gilt auch „Alles = Liebe". Wenn die Liebe aber Alles ist, dann gibt es nichts, was nicht Liebe ist. Es gibt also keinen Unterschied zur Liebe, es gibt keine Nicht-Liebe. Und wenn es keinen Unterschied gibt, kann man sie auch nicht unterscheiden, man kann sie nicht wahrnehmen, da man sich mit dieser Liebe in einem „absoluten Gleichgewicht" befindet (im absoluten Gleichgewicht ist Wahrnehmung unmöglich, dort verschmilzt alles mit allem und ist eins – Wahrnehmung basiert auf Ungleichgewichten, Unterschieden, Trennungen).

Fazit: Wir *sind* Liebe.

Wenn Alles immer existiert, dann existieren auch Gott und die Liebe immer. Wir Menschen können Gott nicht wahrnehmen, wir können das Ganze nicht wahrnehmen, wir können die Liebe nicht wahrnehmen, weil wir es alles sind. Das ist unser großer „blinder Fleck", mit dem wir unveränderbar identifiziert sind. Deshalb bleibt uns nichts anderes übrig als daran zu „glauben".

So kann ich mir erklären, daß diejenigen Menschen, die sehr viel integrieren können und sich damit der Ganzheit nähern, wesentlich liebevoller wirken als diejenigen Menschen, die vieles ausschließen, trennen, teilen.

Doch Vorsicht: Hier wird wieder getrennt zwischen den Menschen, die integrieren, und den Menschen, die ausgrenzen. Wenn die Liebe aber tatsächlich Alles ist, dann gehört auch die Ausgrenzung zur Liebe dazu. Wer kann von diesem Standpunkt aus nun behaupten, daß die ausgrenzenden Menschen nicht liebe„voll" seien? Nur derjenige, der mit mir die Sichtweise nicht teilt, daß die Liebe Alles ist.

Mir ist schon vor längerer Zeit ein Satz eingefallen, der mir täglich hilft und mich an diese allumfassende Liebe erinnert. Er unterstützt mich darin, alles zu integrieren und damit einen möglichen Konflikt in mir aufzulösen. Dieser Satz lautet: „ ... *und auch das gehört dazu.*"

Wenn ich ihn in jeder Gegenwart anwende, erhalte ich dabei verblüffende Erkenntnisse. Ich erlebe, wie ich das Verhalten meiner Partnerin schneller anerkennen kann und sich mein Kampf dagegen auflöst. Und ich erlebe, wie ich in manchen Situationen auch zu meinem Kampf sagen kann: „... und auch mein Kampf gehört dazu." – schon entspannt sich etwas in mir.

Plötzlich sehe ich, wie sinnvoll diese Wahl ist: Manchmal geht es darum, meine Abwehr aufzugeben, und manchmal geht es darum, meine Abwehr auszuleben und auszudrücken.

Sobald ich irgendwo stecken bleibe, kann ich mir sagen: „Und was wäre, wenn auch das dazugehört?" – und es bewegt sich wieder weiter.

Wenn ich also meine Partnerin liebe, sie aber in einer bestimmten Situation anlüge oder gar betrüge, so habe ich die Wahl und kann es wie folgt sehen: „Mein Verhalten war falsch, ich habe den anderen verletzt und möchte es wieder ausgleichen / gut machen."

Oder: „Auch das gehört dazu und will uns beiden in unserer Beziehung etwas zeigen. Was?"

Beide Wege wären „richtig", denn beide gehören dazu. Die Frage ist nur, welchen Weg ich selbst in dem Moment als stimmiger empfinde. Und den gehe ich dann.

Wenn wir die allumfassende reine Liebe nicht wahrnehmen können, was ist dann das, was wir fühlen? Was ist dieses wunderschöne angenehme liebevolle Gefühl, das wir oft „Liebe" nennen? Auf jeden Fall ein Teil der allumfassenden Liebe. Doch dieses schöne Gefühl steht im Gegensatz zu den unangenehmen Gefühlen wie Haß, Antipathie, Abneigung. Vom absoluten Standpunkt aus gesehen sind auch diese „negativen" Gefühle Teile der allumfassenden Liebe, allerdings für uns sehr schmerzhafte.

Wir müssen nicht weiter suchen, was diese fühlbare Liebe eigentlich ist. Wir können sagen, daß es die absolute reine Liebe gibt, die alles umfaßt, auch den Schmerz. Und wir können sagen, daß es die relative Liebe gibt, die den Gegensatz zum Schmerz darstellt. In der absoluten Liebe gibt es keine Dualität. In der relativen Liebe leben wir die Dualität. Wir haben die Wahl, auf welche Ebene der Liebe wir uns begeben wollen, auf welche Ebene wir unsere Aufmerksamkeit fokussieren. Denn unabhängig davon, wie wir uns entscheiden, ... gehört auch das dazu.

Wann immer ein Mensch einen anderen als „lieblos" bezeichnet, wissen wir nun, daß er sich auf der Ebene der Dualität bewegt. Ja, und natürlich gehört auch das dazu.

Und wenn mich meine Partnerin fragt, ob ich sie liebe, und ich antworte mit „ja", dann ist das auf der Ebene der absoluten Liebe immer wahr. Wenn sie mich fragt, ob ich mit ihr eine Familie gründen möchte, und ich sage „nein", dann bedeutet das auf dieser Ebene nicht, daß ich sie nicht liebe. Auf der Ebene der Dualität kann dies aber so ausgelegt werden.

Je nachdem wie es interpretiert wird ... auch das gehört dazu.

Der Spiegel

Ich habe irgendwo einen Satz aufgeschnappt, der lautet: *„Nie spiegeln wir uns so wie in unserem Urteil über andere."*

Wir können die absolute Liebe, die Nicht-Dualität, als „weiße Leinwand" betrachten und alles, was trennt, teilt, urteilt, ausschließt, unterscheidet, als die darauf erscheinenden Bilder. Die weiße Leinwand sagt: „Alles auf mir gehört dazu." Die Bilder jedoch verdrängen sich gegenseitig und unterscheiden sich voneinander. Wichtig dabei zu wissen ist: Sobald wir „unterscheiden" zwischen der weißen Leinwand und den Bildern auf ihr, befinden wir uns selbst auf der Ebene der Dualität. Denn wir sagen: „Die Leinwand ist nicht die Bilder – und die Bilder sind nicht die Leinwand." Wollen wir zurück auf die Ebene der absoluten Liebe, müssen wir die Leinwand und damit den Spiegel wieder zerstören. Wir müssen sagen: „Alles gehört dazu. Es gibt keine Trennung und keine Unterscheidung."

Doch zunächst möchte ich ein paar Impulse dafür anbieten, wie wir diese Leinwand in der Dualität nutzen können.

Wenn wir aus einem Holzstück eine Figur schnitzen, dann haben wir uns meistens vorher überlegt, wie diese Figur aussehen soll. Wir haben ein Bild, ein Ziel. Um dieses Ziel zu erreichen, handeln wir auf eine bestimmte Weise und lenken unser Messer so, daß bestimmte Teile vom Holz abgetrennt werden. So entsteht allmählich die Form, die wir uns gewünscht haben. Kurz: inneres Bild – ausschließendes Handeln – Ziel erreicht.

Beim Klavierüben ist es genauso: Ich habe Noten vor mir liegen und möchte sie spielen können, wie sie dastehen. Ich mache mir durch die Noten angeregt ein inneres Bild, übe, meine Finger danach zu bewegen und allmählich alle falschen Bewegungen (Fehler, falsche Töne) auszuschließen, und erreiche so mein Ziel.

Angenommen wir beobachten unseren Partner beim Schnitzen oder beim Klavierüben, und wir wissen nicht, was sein inneres Bild ist, dann können wir an seinen ausgrenzenden Handlungen und Wertungen ablesen, was für ein Ziel er hat. Spätestens, wenn er sich zufrieden zurücklehnt und sich seine ausschließenden Handlungen beendet haben, wissen wir, daß nun das Ziel erreicht ist.

Wenn unser Partner uns im Alltag kritisiert, etwas anders haben und bestimmte Dinge ausschließen möchte, können wir immer daran ablesen, was er wohl für innere Bilder hat. Manchmal gehe ich darauf ein und verändere mein Verhalten so lange, bis der andere zufrieden ist. Dann weiß ich genau, was sein Ziel ist, habe es intensiv kennengelernt und kann nun so damit umgehen, wie es meinen inneren Bildern und Wünschen entspricht. Entweder teile ich mit, daß mir das auf diese Weise nicht gefällt, oder ich kann diesem Ziel zustimmen.

Es kann auch sein, daß wir gemeinsam sein Ziel erreichen, daß ich also mein Verhalten erfolgreich seinen Wünschen angepaßt habe, mein Partner dann aber doch unzufrieden reagiert und sagt: „Eigentlich möchte ich gar nicht, daß Du Dich so stark nach mir richtest. Wie willst Du es denn?" – und dann bin ich dran, auszugrenzend zu handeln und meinem Partner dadurch meine Wünsche zu vermitteln.

Aus der Welt der „Bestellungen beim Universum" und der Wunscherfüllungen wissen wir, daß dort immer wieder betont wird, sich auf das zu konzentrieren, was man will, und nicht auf das, was man nicht will. Auch die Konzentration ist eine ausgrenzende Handlung, denn wenn wir uns für eine Sache entscheiden, so entscheiden wir uns gleichzeitig gegen alles andere. Der einzige Unterschied dabei ist, worauf wir unsere Aufmerksamkeit lenken. Schauen wir auf das, was wir wollen, oder schauen wir auf das, was wir nicht (mehr) wollen? Je nachdem, welches Ziel wir haben und auf welche Weise wir uns diesem Ziel nähern, ist mal das Eine und mal das Andere wichtig.

Wenn wir ein Ziel erreichen wollen, ist es manchmal nötig, uns bewußt zu machen, was wir nicht wollen. So wird uns unser Ziel noch klarer. Auf der anderen Seite ist es nötig, uns auf unser gewünschtes Ziel direkt zu konzentrieren. Es wird sich durch Versuch und Irrtum zeigen, zu welchem Zeitpunkt es sinnvoll ist, unser Bewußtsein auf das Eine oder das Andere zu lenken, auf das, was wir nicht wollen, oder auf das, was wir wollen.

Beobachten wir unseren Partner, so können wir an seiner Konzentration, seiner Wertung, seinem Ausschluß, seiner Kritik und an seiner Zufriedenheit ablesen, was für Wünsche und Ziele er verfolgt. *„Nirgends spiegeln wir uns so, wie in unserem Urteil über andere."*

Bisher reagieren viele Menschen, die sich nach liebevollem Verhalten sehnen, auf Wertungen anderer Menschen mit Wertung: „Du wertest ja! Dein Ausschluß tut mir weh!"

Jetzt können wir auf Wertungen aus einer neuen Perspektive schauen: Sie zeigen uns die Gewohnheiten und Ziele unseres Gegenübers. Wir haben die Chance, den anderen genauer kennenzulernen und uns Gedanken darüber zu machen, was derjenige wohl für Ziele hat oder welche Prägungen er aus seiner Kindheit mitbringt. Bei den Prägungen und Gewohnheiten ist das unbewußte Ziel oft, diese aufrecht zu erhalten.

Aus diesem Grund können wir den Zusammenhang zwischen Zielen und Wertungen auch für uns selbst als Spiegel einsetzen:

Oft haben wir in unserer Kindheit die Wünsche und Gewohnheiten und damit auch die dazugehörigen Wertungen unserer Eltern verinnerlicht. Im Laufe der Jahre sind sie uns unbewußt geworden, doch sie bestimmen weiter unser Handeln. Wenn wir nun unsere eigenen Wertungen beobachten und genauer untersuchen, können wir uns die dahinter stehenden unbewußten Ziele wieder bewußt machen und uns neu fragen: „Will ich dieses Ziel noch oder will ich es loslassen?" Wird es uns bewußt und lassen wir es los, so verändern sich auch unsere Wertungen und Urteile im Alltag, die bisher von diesem unbewußten Ziel beeinflußt waren.

Spiegelnde Resonanz

In meinem Buch „*Ich stehe nicht mehr zur Verfügung – Wie Sie sich von belastenden Gefühlen befreien und Beziehungen völlig neu erleben*" schreibe ich über das Phänomen der repräsentierenden Wahrnehmung in Familienaufstellungen und übertrage es auf den Alltag. Ich habe mehrfach erfahren, daß wir im Alltag gegenseitig füreinander in stellvertretende Rollen rutschen und dadurch teilweise „fremde" Gefühle in uns wahrnehmen (ein „telepathisches" Phänomen) oder uns in unserem Verhalten irgendwie gesteuert empfinden *(„Ein Teil von mir handelt, der andere Teil von mir beobachtet und fragt sich, was ich denn hier tue.")*.

Öfter als bisher angenommen können wir uns von solchen Gefühlen wieder befreien und unerwünschte Handlungen beenden, wenn wir uns selbst sagen:

„Für diese Rolle stehe ich nicht weiter zur Verfügung." Es gibt Situationen, in denen dann plötzlich eine Last von uns fällt.

Ich habe mich gefragt, warum wir Menschen eigentlich dieses unbewußte Bedürfnis haben, uns gegenseitig für solche Rollen zur Verfügung zu stehen. Meine Antwort darauf lautet: Irgendein „weiser Anteil" in uns spürt, daß wir immer noch alte Ziele und Gewohnheiten mit uns herumtragen und danach handeln, obwohl sie gar nicht mehr zu unserer neuen Gegenwart passen. Dieser weise Anteil hat den tiefen Wunsch, daß die alten Ziele wieder bewußt werden und dadurch verändert oder losgelassen werden können.

Wie ich oben beschrieben habe, können wir uns die Ziele wieder bewußt machen, indem wir unsere Wertungen, Ausgrenzungen und Urteile beobachten, untersuchen und daraus Rückschlüsse auf das unbewußte Ziel ziehen. Und das wiederum funktioniert nur, wenn wir auch werten müssen.

Also stellt sich unser Umfeld (besonders unser Partner) dem Wunsch unseres weisen Anteiles nach Klärung zur Verfügung und spielt uns gegenüber stellvertretende Rollen, die uns mit unseren Wertungen konfrontieren und sie an die Oberfläche spülen.

Entweder werten wir nun fleißig weiter und regen dadurch immer wieder unseren Partner dazu an, uns unseren unbewußten Ausschluß zu spiegeln, oder wir machen uns bewußt, was denn für alte Ziele und Gewohnheiten hinter unserer Wertung, hinter unserem Ausschluß stecken.

Kinder können uns ebenso perfekt spiegeln und provozieren uns so lange, bis wir entweder gelernt haben, eine klare Grenze sinnvoll und liebevoll einzusetzen, oder bis wir unsere unnötigen Grenzen und Wertungen als unnötig erkannt und losgelassen haben. Die Folge: Unsere schmerzende Wertung verschwindet, und wir öffnen uns für neue, der Gegenwart angemessene Ziele.

Deshalb ist jeder Mensch, der uns durch sein Verhalten verletzt, eine Chance, uns selbst wieder bewußt zu machen: „Was verletzt mich hier eigentlich wirklich? Ist es der andere oder ist es meine unbewußte Erwartung an den anderen, die er gerade enttäuscht hat? Welche Erwartung oder welche Sehnsucht habe ich da tief in mir? Und was wäre, wenn ich sie für immer aufgeben würde?"

Diese letzte Frage soll nicht zum Ziel haben, die Erwartung nun tatsächlich aufzugeben, sondern sich lediglich bewußt zu machen, welchen Hintergrund sie hat. Es kann durchaus sein, daß man seine Erwartung auch aufrechterhält, weil man sich bewußt wurde, daß man das dahinter stehende Ziel immer noch erreichen möchte. Und dann ist es auch sinnvoll, das verletzende Verhalten des anderen Menschen zu werten und zu sagen: „Nein, das will ich so nicht. Ich stehe Dir für dieses Verhalten nicht weiter zur Verfügung!" Auch diese Ausgrenzung gehört dazu, wie beim Schnitzen an einer Holzfigur, von der man bestimmte Holzstückchen entfernt, die nicht dazugehören sollen.

Jede Entscheidung – egal in welche Richtung – ist ein Schritt in ein nächstes Gleichgewicht, denn wir sammeln neue Erfahrungen und wachsen dadurch.

Natürlich stehen wir auch umgekehrt mit unserem spontanen Verhalten anderen Menschen zur Verfügung, besonders unserem Partner, und provozieren – manchmal bewußt, manchmal unbewußt – seine Wertungen und Ausgrenzungen, damit er sich seiner Ziele wieder bewußt werden und neu darüber entscheiden kann. Daher besteht für uns selbst immer mal wieder die Möglichkeit zu sagen: „Für das Provozieren Deiner Grenzen stehe ich jetzt gerade nicht mehr zur Verfügung." Und wir spüren anschließend, wie sich so manche Spannungen einfach in Luft auflösen.

Letztendlich kannst Du Deinen Partner oder Deine Kinder aus spiegelnden Rollen entlassen, indem Du mitteilst: „Was Du hier spiegelst, hat eindeutig mit mir zu tun. Du brauchst mir dafür jetzt nicht weiter zur Verfügung zu stehen. Vielen Dank."

Eine Mutter wachte morgens nach einem Alptraum mit ganz unangenehmen Gefühlen auf und hatte sogar leichtes Fieber. Ihr Sohn äußerte ebenso: „Mama, mir geht es ganz schlecht. Ich möchte heute nicht zur Schule." Manche Eltern überlegen sich, was ihnen ihr Kind jetzt gerade spiegelt. Doch die Mutter sagte zu ihrem Kind: „Das ist nicht Deines. In Wirklichkeit geht es mir ganz schlecht. Du brauchst mir für dieses unangenehme Gefühl nicht weiter zur Verfügung zu stehen." Das Kind schlappte ins Bad – und kam nach 10 Minuten ganz vergnügt in die Küche, frühstückte herzhaft und ging fröhlich zur Schule.

Auch jeder Partner steckt manchmal unabsichtlich in einer Rolle, aus der er einfach nur entlassen zu werden braucht.

Wenn sich in unserer Gesellschaft das Bewußtsein für diese Resonanzen und Spiegelungen, die sich über unsere Gefühle und spontanen Handlungsimpulse vermitteln, immer stärker etabliert und wenn immer mehr Menschen den Nutzen und die möglichen Umgangsformen damit (an-)erkennen können, dann verändert sich schon ganz allein etwas zwischen uns Menschen. Es genügt, daß der Spiegel als Spiegel anerkannt wird. Man muß ihn noch nicht einmal erfolgreich nutzen. Die Anerkennung und Würdigung des zwischenmenschlichen oder universellen Spiegels führt ganz automatisch zu einer Veränderung. Warum?

Ein Spiegel spiegelt ebenso seine Nicht-Anerkennung. Wird er also anerkannt, hört die Spiegelung der Nicht-Anerkennung auf.

Die Folge: Das Spiegelbild wird für uns immer klarer. ■

OLAF JACOBSEN ist ausgebildeter Dirigent, Tenor und Pianist. Heute ist er jedoch hauptsächlich als Systemischer Berater und Coach tätig. Seit seiner Jugend beschäftigt er sich intensiv mit der Analyse von Gefühlen und der Entwicklung lösender Sichtweisen. Als Begründer der Freien Systemischen Aufstellungen publizierte er etliche Fachbeiträge und einige Bücher.
Kontakt: www.in-resonanz.net

Penny McLean

Gebrauchsanweisung für den Umgang mit toten Kamelen

oder
Von der Kunst des Loslassens

In der Sammlung meiner alttürkischen Märchen, die früher in den Karawansereien abends am Lagerfeuer erzählt wurden, findet sich ein Spruch, dessen hintergründig-lakonische Ausdrucksweise typisch ist für die Mentalität der an Kargheit gewohnten Wüstenwanderer. Er besagt: Wenn du bemerkst, daß dein Reittier tot ist, steige ab!

Übersetzt in unsere Zeit könnte man heute sagen: Wenn du bemerkst, daß dein Auto nicht mehr fährt, steig aus.

Sollten Sie diese Aussprüche eher wenig bemerkenswert finden, wäre es gut, sie noch einmal zu überdenken. Denn verhält es sich in Wirklichkeit nicht so, daß wir alle im Laufe unseres Lebens schon kostbare Zeit mit der Pflege unbrauchbarer „Fortbewegungsmittel" vergeudet haben?

Natürlich sprechen wir hier nicht über verendete Kamele und fahruntüchtige Autos, sondern von Lebensformen und Verhaltensmustern, die, genau betrachtet, längst als zeitraubende und schädliche Behinderungen hätten ebenso erkannt werden müssen wie die Belastungen durch die materiellen Dinge, die im Zusammenhang mit diesen Beschränkungen stehen. Doch der Mensch scheint naturgemäß dazu zu tendieren, starr an seinen einmal konstruierten Denk- und Verhaltensritualen festzukleben.

Der holländische Entertainer Herman van Veen singt: *„...zu stark ist die Macht der Gewohnheit. Hat sie nicht zu viel schon zerstört? Warum ist's so schwer zu erkennen, was Wirklichkeit ist und was Schein?"*

Ja, warum pflegt das Gewohnheitstier Mensch lieber das bekannte Unglück, als alles hinter sich zu lassen, um sich dann auf die Suche nach dem unbekannten Glück zu machen?

Es mag vielleicht acht Jahre her sein, daß eine etwa fünfzigjährige Frau mich wegen dieser Problematik ansprach. *„Ich habe meinen Mann verloren"*, sagte sie, *„unser Haus wurde versteigert, meine Tochter meldet sich nicht mehr, meinen Job habe ich*

aufgeben müssen, den Offenbarungseid habe ich bereits geleistet und.... ", sie flüsterte leise an meinem Ohr, als wolle sie mich in ein dunkles Geheimnis einweihen, *„ ... seit Monaten bin ich inkontinent."*
Ich wartete.
Sie holte tief Luft: *„Und jetzt sagen Sie mir doch bitte: Was soll ich denn jetzt **noch** loslassen?"*
Ich fragte sie, wann diese Serie von Unglückseligkeiten ihren Anfang genommen hätte.
Sie machte eine hieroglyphische Handbewegung und sagte: *„Ach, eigentlich war es nie gut!"*
*„Was ist denn **gut**?"*, fragte ich.
Sie sah mich an, als hätte ich um die Berechnung des numerischen Wertes eines Integrals angesucht.
„Gut ist, wenn das alles, was mir passiert ist, nie passiert wäre."
„Gut. Und was wäre dann stattdessen geschehen?"
Sie streckte den Kopf nach vorne und sah mich aus halbgeschlossenen Augen gereizt an.
Ich versuchte es noch einmal.
„Was hätte denn geschehen müssen, damit Sie heute sagen könnten: Es ist gut?"
Sie blickte um sich, als suchte sie nach einem Zeugen für meine indolente Verständnislosigkeit.
„Etwas anderes", zischte sie, *„ganz egal was, aber irgendetwas ganz anderes."*

Offensichtlich hatte sie keine Alternative. Sie wußte nur, daß sie die bestehende Situation nicht mehr „haben" wollte.

Später stellte sich heraus, daß sie mit ihrem Leben schon immer unzufrieden gewesen war.

Der Beruf, so erzählte sie, den man ihr zu erlernen empfohlen hatte, langweilte sie fast ebenso schnell wie der Mann, den sie viel zu jung heiratete und der sich bald als das Gegenbild aller ihrer Träume herausstellte. Sie versuchte ihre Frustration durch ein perfektes Heim zu kompensieren. Das wiederum kostete mehr Geld, als verdient werden konnte. Die Schulden wuchsen, der Druck wurde unerträglich. Sie wollte das Gesicht wahren, stürzte sich in zusätzliche Arbeit und trieb den Mann zu Überstunden an. *„Tag und Nacht"*, so beschrieb sie es, *„haben wir uns aufgerieben."*

„Vor was hatten Sie denn am meisten Angst?"

„Davor, daß es so werden könnte, wie es jetzt ist."

Tatsächlich haben diese Frau und ihr Mann jahrzehntelang für anstatt gegen die Angst gearbeitet, haben sich jahrzehntelang von einem Joch niederdrücken lassen, von dem doch beide wußten, daß es auf Dauer nicht zu ertragen wäre, und haben sich auf ein Ziel konzentriert, das weniger ein Traum als eine anmaßende Phantasievorstellung war.

Wir kennen den schönen Spruch vom Morgen, welcher täglich der Beginn vom Rest unseres Lebens ist.

Ich habe nie gefunden, daß diese Vorstellung geeignet ist, morgendliche Lebensgeister zu wecken. Dagegen fand ich die Lebenseinstellung meiner berühmten Lehrerin Mira von Dietlein durchaus lebenswert: **Zu jeder Stunde kannst Du Dein Leben ändern.** Und: **Du hast die Pflicht, Deine Träume zu leben, denn sie sind die Erinnerung an Deine Möglichkeiten.**

Aber welche Träume sind Aufforderungen, aktiv zu werden, und welche sind Warnungen oder gar Hirngespinste?

Es gibt, um ehrlich zu sein, keine Patentrezepte.

Aber es gibt in jedem Menschenleben Zeitpunkte, wo die Ereignisse eine deutliche Sprache sprechen und unmißverständlich den Weg aufzeigen, der zu einer heilsamen Änderung des Lebens führen könnte. Die Chance, vom kranken oder bereits verstorbenen Kamel abzusteigen, um etwas völlig anderes zu tun, wird jedem von uns mindestens alle sieben Jahre angeboten. Doch das Schicksal verteilt bei diesen Gelegenheiten weder Hinweisrundschreiben noch Garantiescheine für reibungslose Abläufe und tadelloses Gelingen, sondern verlangt nicht nur das eindeutige Absteigen von den „Kamelkadavern", sondern in der Folge auch wohl überdachte Neuanschaffungen geeigneter Reittiere, also bewußte und sinnvolle Korrekturen. Diese „Neuanschaffungen" können von einer therapeutisch unterstützten Seelenreinigung bis hin zur Auswanderung reichen. Manchmal beginnt der „Kamelwechsel" mit der Abschaffung einer einzigen Gewohnheit. Schon dieser vielleicht scheinbar unerhebliche Verhaltenswechsel kann logischerweise ebenso Veränderungen in Ihrem Leben bewirken wie das Umstellen eines einzigen Möbelstücks Ihr ganzes Zimmer verändern kann.

Eine der bekanntesten Verlockungen, Kamelleichen zu hegen, ist die hartnäckig bewahrte und sorgfältig gehütete sogenannte Wunschvorstellung, von der es zwei Sorten gibt, nämlich die berechtigte und die irreale. Da die Übergänge der diesbezüglich heraufbeschworenen Seelenbilder sehr fließend sein können, ist es äußerst empfehlenswert, sich diesbezüglichen Prüfungssituationen bewußt auszusetzen. Sie kennen doch sicher diese Fernsehsendungen, welche von einem „Neuen Leben" berichten, von dem Griff nach den Sternen als Superstar, von den Millionärschancen der Rateshows, die mit ihren angeblich „sagenhaften Möglichkeiten" zu einem glücklicheren und erfolgreicheren Dasein verhelfen können.

Da gibt es doch zum Beispiel Paul Potts, den Sänger, der es von einer englischen Talentshow nicht nur auf die Bretter, die ihm die Welt bedeuteten, schaffte, sondern dank eines cleveren Werbespots bis in jedes unserer Wohnzimmer. Der hat es doch geschafft!

Aber wahrscheinlich hatte er ja nur das richtige Formular für seine Bestellung beim Universum zur Hand, um dieses Wunder seiner Veränderung vom Handyverkäufer zum Star zu ordern!

Wer diesen Unsinn glaubt und solchen Illusionen nachhängt, der gehört zu den Hütern der toten Kamele und ihrer Reiter, die darauf beharren, daß ein neuer Sattel samt Zaumzeug das Tier wieder zum Leben erweckt, ein Kurs für atlantische Heilweisen die Wiederbelebung herbeiführt und ein nach den Gesetzen des Feng-Shui errichteter Stall durchaus geeignet ist, das Problem zu lösen.

Um eines von Anfang an klarzustellen: Paul Potts hat nie ein totes Kamel geritten! Denn Paul Potts hat unbeirrt versucht, seinen Traum zu verwirklichen, und zwar entgegen aller unübersehbaren Widrigkeiten, wie zum Beispiel körperlicher Mängel und Ausbildungsdefizite. Denn tatsächlich waren es weniger seine stimmlichen Qualitäten, die diesen eher kleinen und dicklichen Mann auf den ersten Platz des Wettbewerbs katapultierten, als eben diese Entschlossenheit, entgegen aller möglichen Zweifel und Verhinderungen dennoch „sein Ding durchzuziehen". Damit rührte er an die Seelen aller, die es nie gewagt hatten, sich ihren eigenen Prüfungssituationen wirklich mit Haut und Haar zu stellen und ihren Traum zu leben, und andererseits fühlten und zitterten alle mit ihm, welche sich in ihren Prüfungsmomenten bewährt hatten. Und siehe da, es waren Millionen, die sich mit ihm identifizierten.

Denn es ist eine tiefe, wenn nicht die tiefste Sehnsucht eines jeden Menschen, jemand zu werden und zu sein, der von den anderen als das wahrgenommen wird, was er wirklich ist. Und so suchen und suchen Tausende nach ihrer Bestimmung und Berufung, lassen sich täuschen, überrumpeln, korrumpieren, irreführen und verlocken und vergessen dabei, daß sie ihren Auftrag in ihrer Seele und in ihrem Selbst tragen wie eine Pflanze ihre endgültige Gestaltung in ihrem Keim. Nun haben Pflanzen und Tiere im Vergleich zu uns einen unschätzbaren Vorteil: Sie haben kein Ego. Das heißt, daß sie mit ihrem Sein instinktiv dem Kollektiv folgen. Sie haben keine Wahl. Und so bleibt Rose seit Jahrtausenden Rose, und Hund bleibt Hund. Und es ist völlig egal, ob sie ihre Heimat in Guatemala, Hinterindien oder Oberbayern gefunden haben: Sie haben allesamt ganz bestimmte, ihrer Art entsprechende typische und berechenbare Lebensformen und schlagen sich bestimmt nicht mit Fragen der Persönlichkeitsentwicklung und Schicksalsgestaltung herum.

Nun aber zu der Krone der Schöpfung, dem Menschen.

Er verfügt, im Gegensatz zu den vorher Genannten, über einen seines Selbst bewußten Geistkörper und ist somit aufgerufen, kreativ zur Schöpfung beizutragen, und zwar nach Auftrag und Fähigkeit an dem Platz, an dem er sich gerade befindet. Hier geht es nicht um immerwährende und gleichbleibende Wiederholung, sondern um Weiterführung und individuelle Entwicklung von Lebensprogrammen.

Freund, so du etwas bist, so bleib doch ja nicht stehn.
Man muß von einem Licht fort in das andere gehn.

Dieser Ausspruch von Angelus Silesius ist eine eindeutige Forderung, und man versteht sie am besten, wenn man sie in das Gegenteil umwandelt:

Freund, wenn du nichts bist, dann bleib von mir aus stehn.
Warum soll man denn dauernd in andere Lichter gehn?

Ich hoffe, Angelus Silesius verzeiht mir die Verballhornung.

Aber durch dieses Spiel wird klar, was er vom „Freund" verlangt, nämlich, daß dieser bewußt wird, also danach strebt, etwas zu werden, etwas zu sein. Denn nur mit Hilfe dieses Bewußt-Seins wird er die Notwendigkeit des Lichtwechsels erkennen und den Mut aufbringen, ihn zu vollziehen.

Es ist eine alte Weisheit, daß sich ein von Licht erfüllter Szenenwechsel unmöglich zusammen mit „toten Kamelen" vollziehen läßt. Das wußte schon der Philosophen-Gigant Plato, der dieser Weisheit ein unvergänglich schönes und eindrucksvolles Denkmal setzte: Das berühmte Höhlen-Gleichnis. In diesem erzählt er von einer unterirdischen Wohnhöhle, in der alle Bewohner unbeweglich festgebunden sind und wie gebannt nur in eine Richtung blicken. Von rückwärts dringt ein Lichtschein in das Dunkel, der von mehreren Personen, die sich hinter den Gefesselten auf einer Mauer bewegen, Schatten auf die Wand vor ihren Augen wirft.

Ganz richtig konstatiert Plato, daß die Gefangenen nichts anderes als Wahrheit akzeptieren würden als die Schattenrisse des Geschauten, und weiterhin, daß die Schattenseher jeden umbringen würden, der das Licht außerhalb gesehen hätte und sie darüber informieren wollte, denn er wäre ja eine Bedrohung ihrer bisherigen ach so bequemen und gewohnten (Schatten-)Existenz. Genau so gereizt und ängstlich reagieren wir Kamelbesitzer auf Aufforderungen, unsere toten Tiere zurückzulassen. Nicht nur, weil wir nicht absteigen möchten, sondern weil wir meistens gar nicht wahrhaben wollen, daß unser Reittier tot ist und wir durch diesen Umstand an jeglichem Fortkommen gehindert sind.

Ein totes Kamel erkennt man daran, daß es sich nicht mehr bewegt, daß es keinen Lebensatem mehr hat und seine Augen gebrochen sind.

Ein falsches Lebensprogramm erkennt man daran, daß in immer gleichen Zeitabständen die immer gleichen Mißerfolge auftreten, daß keine positive Resonanz erfolgt und daß die Seele immer trauriger wird.

Die Traurigkeit der Seele, die mit Unlust, Gereiztheit und Schwermut beginnt, endet in seelischer (Depression, Burnout, Psychose, usw.) und körperlicher Krankheit (Krebs, Schlaganfall, Infarkt, usw.), die anzeigt, daß der Fluß der Vitalenergie gestört ist und bestenfalls ein Prozeß der Selbstkorrektur, schlimmstenfalls eine Selbstvernichtung im Gange ist.

Bevor wir unser weltliches Sein antreten, wird unser Lebensplan festgelegt, den wir, ausgestattet mit dem Freien Willen, nach eigener Erkenntnis und Einschätzung gestalten können. Je mehr unser Ego sich vom ursprünglichen Plankonstrukt entfernt, desto augenscheinlicher werden die Symptome, die in dieser kurzen Abhandlung un-

ter der Symbolbezeichnung „Tote Kamele" zusammengefaßt sind.

Eine nach dem ursprünglichen Lebensplan gestaltete Existenz wird niemals diese Gefühle der Verlorenheit, der Sinnlosigkeit und der Verzweiflung aufkommen lassen, wie sie bei einem Dasein auftreten, das durch Eitelkeit, Bequemlichkeit, überhöhte Ansprüche, Habgier, falsche Hoffnungen, phantastische Wunschvorstellungen und andere Verirrungen des Ego verunstaltet wird.

Immer, wenn wir von absoluter Hoffnungslosigkeit und Leere erfüllt sind, wenn unsere inneren Stimmen nicht mehr bis zu unserer Seele durchdringen, wenn die äußeren Zeichen keine Hinweise mehr erbringen, dann ist es Zeit, sich zu fragen, ob es nicht angebracht ist, von seinem toten Kamel abzusteigen, also die Sackgasse der eigenen Entwicklung zu verlassen.

Ich will nicht verschweigen, daß sich ein „Kamelwechsel" mitunter schwierig und langwierig gestalten kann. Aber schon in der ersten Zeit der Kehrtwendung entsteht neben all den alten Gefühlen der Verbitterung ein spürbares Wachstum von Kräften, welche die negativen Strömungen reinigen und umpolen.

Hilf Dir selbst, dann hilft Dir Gott.

Diese Anweisung spricht ein Gesetz an, das alle Behauptungen, welche zu der Vermutung verführen, universelle Kräfte manipulieren zu können, nicht nur ad absurdum führt, sondern als menschlichen Hochmut entlarvt.

Nicht das Universum hat unsere Wunschlisten zu erfüllen, sondern wir Menschen haben dem Anspruch des Universums nachzukommen.

Wer diese Wahrheit nicht respektiert, wird bald Besitzer eines Kamel-Friedhofs von beachtlicher Größe sein und dabei glauben, er sei der Inhaber einer erfolgreichen Kamelzucht.

Das Erkennen des individuellen Lebensplans ist ungefähr so einfach oder so schwierig wie das Erkennen der Wetterlage.

Je mehr Erfahrung ein Mensch hat, desto schneller und zuverlässiger wird er die Sprache der Wolken und des Windes deuten und den Geruch einer Veränderung wahrnehmen können.

Solange er in seiner Deutung noch unsicher ist, sollte er entweder Hilfe bei den Erfahrenen suchen oder die Fähigkeiten seines Instinkts reaktivieren.

Mit der Deutung der Zeichen des Lebensplans verhält es sich ganz ähnlich wie mit meteorologischen Beurteilungen.

Es gibt einen körperlichen (animalischen) und einen seelischen Instinkt. Wessen Reifekräfte noch nicht so weit gewachsen sind, daß sein Seelenkörper die Sprache der Unsichtbarkeit klar empfangen und entschlüsseln kann, der sollte doch zunächst lernen, die Zeichen seines Körpers zu beobachten. Dazu gehören, um nur einige wenige Beispiele zu nennen, die Gänsehaut, ein Druck im Magen, eine plötzliche Hitze- oder Kälteempfindung, das unwillkürliche Erröten, ein unerwartetes Niesen, eine unerklärliche Nervosität oder Glücksgefühle, die keine momentan erkennbare Ursache haben.

Nur durch Beachtung und Beobachtung wird die Verbindung von Wahrnehmung und Zusammenhang verständlich werden, wird die körperliche in die seelische Deutungsfähigkeit reifen, um vielleicht dann später in der bewußten geistigen Verständigung die Vollendung zu finden. Die Erreichung dieser Fähigkeit ist Bestandteil des sogenannten Einweihungsweges, auf dem, vor allem anderen, die Unterscheidung zwischen Intuition, Imagination und Inspiration erfahren und erlernt wird. Nur auf diesem Schulungsweg werden sich die menschlichen Seelen- und Geisteskräfte soweit entwickeln können, daß sie zu einer bewußten Beobachtung und Beurteilung der sichtbaren und unsichtbaren Einflüsse fähig werden, wozu natürlich auch alles gehört, was im weitesten und engsten Sinn dem Begriff Beziehungen zuzuordnen ist.

Wenn unsere Rede, wie in der Heiligen Schrift gefordert, Ja-Ja **oder** Nein-Nein sein soll, dann wäre es zumindest empfehlenswert, alle Angebote und Möglichkeiten, die an uns herangetragen werden, genau unter dem Aspekt der willentlichen, also egoistischen Wahlfreiheit zu überprüfen. Dazu sind Selbsterkenntnis, Ehrlichkeit und die Fähigkeit zur distanzierten Beobachtung notwendig, denn jeder Mensch trägt in sich die Anlage, seine vermeintliche „Beute" so ertragreich und auch anstrengungslos wie möglich in Sicherheit bringen zu wollen. Das unkontrollierte Entsprechen dieses Urtriebs, der im Laufe der Jahrtausende vom reinen Überlebenstrieb zur kühl kalkulierten Bereicherung mutiert ist, schwächt diejenigen Kräfte, die für die Erkenntnis des Lebensplans und die bewußte Verarbeitung von Schicksal zuständig sind. Leider sind wir in eine Zeit geboren, in der diese lebenswichtigen Tatsachen weder erkannt noch verwendet werden, was zur Folge hat, daß sich das Wachstum der Seele nicht in der Weise entfalten kann, wie es dem Einzelnen, aber auch der Allgemeinheit nützlich wäre.

So ist als besonderes Kennzeichen des zeitgemäßen Kamelleichenreiters ein betont opportunistisches Verhalten zu beobachten, das meist von einem unübersehbaren Verlust von Kontur und Selbst-Orientierung begleitet ist. Da sein seelischer Resonanzboden durch ein Bewußtsein zustande gekommen ist, das sich über die Materie definiert und an ihr orientiert, ist seine gesamte Psyche, und damit sein Charakter und seine Persönlichkeit, auf einem höchst instabilen Untergrund aufgebaut. Kommen ihm „Kamele" abhanden, ist eine plötzliche Veränderung des Verhaltens zu beobachten, die von tiefster Depression bis zu größter Aggression reichen kann.

Bemerkenswert ist dann die Definition und Anwendung derjenigen Seelenregungen, welche allgemein als Gefühle bezeichnet werden. Das allgemeine geistige Empfinden unserer Zeit, welches durch das Kollektiv der Menschheit bestimmt wird, hat sich stillschweigend darauf geeinigt, daß zukünftig nicht mehr zwischen Instinkt, Empfindung oder Wahrnehmung unterschieden wird, sondern alles „Emotion" ist. Das hat zur Folge, daß die individuelle Wahrnehmung nicht mehr geschult ist, nach Bedarf zu differenzieren, und deswegen entweder wahllos leichtgläubig oder übersteigert mißtrauisch reagiert. Da die Selbst-Entwicklung aber zu einem großen Teil durch Resonanz mit einem oder mehreren Menschen zustande kommt, werden viele Möglichkeiten obiger Unterscheidungsschwäche von vornherein unterbunden. Die am meisten auffallende Folge davon ist das Single-Phänomen und die extremen Schwierigkeiten beim Suchen, Finden, Pflegen und Halten von Partnern. Die oben erwähnte Veränderung hat eine

Schwächung der Beziehung zwischen individueller Selbstwahrnehmung und Ich-Anspruch mit sich gebracht, welche sich durch Schwankungen von übersteigerter Selbstherrlichkeit bis hin zu auffallender Unsicherheit äußert. Je stärker die Verbindung zwischen Selbst-Wahrnehmung und Ich-Anspruch (zwei völlig verschiedene Dinge!) ist, desto besser funktioniert generell die „Rezeption", also Aufnahmefähigkeit. Aus der Störung dieser „Antenne" haben sich viele partnerschaftliche Mißverständnisse ergeben, deren schlimmstes der Irrglaube ist, alleine bestens leben zu können. Wer glaubt, sich selbst als Partner selbst genug zu sein, sich allein und unabhängig „helfen" oder nützen zu können, ist entweder naiv, uninformiert oder todgeweiht. Denn intime Partner und enge Freunde sind nicht nur Schicksalsmitarbeiter, sondern sorgen auch durch ihre reine Gegenwart oder Existenz für diejenigen Möglichkeiten, die der Mensch braucht, um seinen Lebensplan erfüllen zu können. Und – ob sie wollen oder nicht: Sie sorgen für eine Entwicklung der Seele, welche man im weitesten Sinn als Erweiterung des Gottverständnisses bezeichnen kann.

„Wo zwei oder drei versammelt sind, da bin Ich mitten unter ihnen".

Dieses Christus-Wort sagt alles aus, was in den letzten Zeilen zu erklären versucht wurde. Gleichgesinnte verstärken durch ihren Kontakt untereinander ihre Seelenkräfte und – die Möglichkeiten, Ideen „herunterzuladen", das heißt, in der Geisteswelt gebildetes Gedankengut empfangen und weiterleiten zu können. Wer aus diesem Kreislauf herausgedrängt wird, mutiert zum Reiter eines toten Kamels.

Aus der Physik weiß man nicht erst durch Schrödingers Katze, daß sich die Dinge, die wir glauben, protagonistisch und originell zu tun, auf anderen Ebenen in der Variation sämtlicher Möglichkeiten bereits differenziert darstellen. Während z. B. unsere Forscher noch im Begriff sind, Formationsmöglichkeiten zu erahnen und zu erarbeiten, finden sich subatomare Teilchen schon selbständig in den Arrangements zusammen, welche später von den Wissenschaftlern mühsam erarbeitet werden. Es ist fast, als ob die unsichtbaren Winzlinge uns zeigen wollen, wer hier eigentlich der Boss ist, und daß wir nichts weiter sind als „Hinterherdenker". Und weiß Gott, sie haben recht.

Es würde unsere Denksysteme wirklich weiterbringen, wenn wir uns endlich eingestehen könnten, daß wir allesamt programmierte Auswähler und Ausführende bereits bestehender Pläne, also eigentlich Marionetten eines allein durch unsere fünf Sinne nicht wahrnehmbaren Systems sind. Dieser Realität ist nur mit unserem so bezeichneten Sechsten Sinn beizukommen, vorausgesetzt, man will aus der herkömmlichen Marionettenrolle in die Position einer bewußten Marionette aufsteigen. Ein höherer Status ist für einen normal Sterblichen auf diesem Planeten Erde vorerst nicht vorgesehen.

Die Geheimbünde dieser Welt haben, zumindest früher, diese Zusammenhänge gewußt und damit zum Teil hoch erfolgreich operiert. Das heißt: Sie haben sich mit den Spielern der Marionetten und den Intendanten des Marionettentheaters ins Benehmen gesetzt, welche tatsächlich Wesenheiten einer Höheren Intelligenz sind, deren materielle Ausdrucksorgane sich durch uns Menschen darstellen, und zwar um so ausdrucksvoller, je größer die Erkenntnis um diese Zusammenhänge ist. Heute glaubt man lieber an Außerirdische als, unterstützt durch die Erkenntnisse der Naturwissenschaftler, die Realität zu akzeptieren. Sicher sitzt die Angst noch immer im Blut, als blasphemisch eingestuft vor die Inquisition zitiert und am Hauptplatz hingerichtet zu werden. Doch ist es nicht eher blasphemisch, Gott als Gallionsfigur für die verschiedensten Religionskonstrukte zu mißbrauchen und damit die eigenen Machtansprüche durchzusetzen?

Es wird nicht mehr so lange dauern, bis offiziell herausgefunden werden wird, was das sogenannte Göttliche tatsächlich ist. Dann fängt eine neue Ära des Menschengeschlechtes an. Dieser Erkenntnisschub wird auf sämtliche Bereiche des Menschenlebens in unbeschreiblicher Weise Einfluß nehmen, und das Göttliche wird durch die Beweisbarkeit einen völlig neuen Stellenwert erhalten. Die heutige Bezweifelung der göttlichen Allmacht wird in gar nicht so ferner Zeit ebenso kleingeistig wirken wie einst das Beharren auf der Scheibenform der Erde. Dann wird es zum Beispiel einen völlig bewußten Gebrauch der bisher von der Allgemeinheit eher diffus empfundenen Seelenregungen wie Gefühl, Inspiration, Imagination und Intuition geben. Das, was von der Mehrzahl der Menschen heute als Gefühl bezeichnet wird und bei den meisten nicht mehr ist als indifferentes Empfinden oder Sentimentalität, stellt sich bei vielen schon heute als mit besonderen Merkmalen ausgestattete Seelenfähigkeit dar, welche nun aber erst durch Erfahrung und Bewußtwerdung in die richtige Gebrauchsform gebracht werden muß. Und diese Entwicklung verlangt ein Heraustreten aus dem heutigen, von materiellen Bedürfnissen gezeichneten Bewußtsein.

Wir stehen seit Jahren inmitten eines ganz besonderen geistig-seelischen Wachstums, das längst im Begriff ist, diejenigen, die mithalten wollen, in die vorher beschriebene Expansion zu transferieren. Ja, die Menschen werden in den nächsten Jahrzehnten von vielen bis dato als selbstverständlich akzeptierten und an den Schulen gelehrten Weltaneignungsstrategien Abschied nehmen müssen, und auch von vielem, was schon zu lange als Postulat und Dogma seine Verwendungen gehabt hat.

Antoine de Saint-Exupéry läßt den Fuchs in seinem berühmten „Kleinen Prinzen" sagen: Man sieht nur mit dem Herzen gut. Das Wesentliche ist für die Augen unsichtbar. Hier ist von einer Unsichtbarkeit des Wesentlichen die Rede, welche als die eigentliche Realität angesehen werden muß und die vom Menschen nur über ein einziges Organ erfaßt werden kann, nämlich von seinem Herzen, dem Symbolorgan der Liebe. Nicht des Eros, und schon gar nicht des Sexus, sondern der Art von Liebe, die im Griechischen mit αγάπη - Agape - bezeichnet wird und noch am ehesten mit selbstloser, hingebender Nächstenliebe übersetzt werden kann. Agape ist, Gewißheit über sich selbst zu haben und damit über die Beziehung zu (jedem) anderen.

Exupérys Satz ist also nichts anderes als eine Variation des Bibelwortes: Liebe deinen Nächsten wie dich selbst.

Wer mit Hilfe seines Bewußtseins diese Form der Liebe erreicht, wird nicht nur fähig, von seinen „toten Kamelen", also von all seinen Trugbildern, schmerzlos Abschied nehmen zu können, sondern kann auch sicher sein, dasjenige losgelassen zu haben, was seine größte Behinderung war: Den Zweifel an der Allmacht und Liebe Gottes.

Was kann dem wirklichen Glück dann noch im Wege stehen? ■

Penny McLean war als Sängerin ein Weltstar, bevor sie ihre zweite Karriere als spirituelle Lehrerin startete. Ihre Bücher über Schutzgeister und über Numerologie gehören zu den meistgelesenen Werken der spirituellen Literatur im deutschsprachigen Raum.
Kontakt: www.penny-mclean.de

Jo Conrad

Visionen schaffen

Was derzeit in der Welt läuft, hat mit allem anderen als positiven Visionen zu tun. Und man mag schier verzweifeln, wenn man zu denen gehört, die nicht blind alles glauben, und sieht, wohin alle derzeit gestellten Weichen führen. Zumal man meint, daß man als Einzelner überhaupt keine Möglichkeit hat, etwas dagegen zu tun, und wenig Einfluß auf das Weltgeschehen zu haben. Aber das scheint nur so, und trotz einer immer mehr materialistisch orientierten Umgebung haben wir doch gerade heute Zugang zu Wissen, das uns die Erkenntnis ermöglicht, daß wir durchaus unsere Welt mitgestalten können: durch unsere Gedanken und Visionen.

Und heute steht das Wissen zur Verfügung, das auch tatsächlich zu beweisen. Die Quantenphysik wirft heute mehr und mehr unseres wissenschaftlich anerkannten Weltbildes über den Haufen – und ist doch selber hochwissenschaftlich. Nur, sie ist eine Wissenschaft, die bestätigt, daß es die Materie, an die wir uns so gerne klammern – und an der wir uns auch immer wieder die Köpfe einhauen – eigentlich gar nicht gibt. Nun ja, eigentlich ist eigentlich ein ziemlich unkonkreter Ausdruck. Die Quantenphysik macht aber vieles – eigentlich – möglich, was sonst bei Esoterikern und Licht- und Liebedenkern belächelt wird – zumindest von denen, die das alte Weltbild aufrechterhalten und meinen, auf dem Boden der Vernunft und Wissenschaft zu stehen.

Die Forschung des Japaners Emoto mit den Wasserkristallen zeigt, daß sich Gedanken auf Materie auswirken, daß sich Wasser sichtbar verändert, je nachdem, ob man positive oder negative Gedanken oder Gefühle hegt, Worte spricht oder aufschreibt, Musik hört oder Bilder ansieht.

Die Placeboforschung zeigt, daß sehr viele Heilungen ohne irgendwelche Wirkstoffe stattfinden, wenn der Patient nur glaubt, vom Onkel Doktor eine heilende Substanz bekommen zu haben. Und selbst Operationen werden heute schon vielfach gar nicht mehr gemacht, sondern nur vorgespielt. So gibt es Kniegelenksoperationen und sogar Gehirnoperationen, die dem Patienten nur glaubhaft vermittelt werden und tatsächlich die gleichen Heilungsquoten haben wie die wirklichen Operationen – nur ohne deren Nebenwirkungen. (Mehr dazu habe ich in meinem Buch *Wendungen* geschrieben.)

Das alles zeigt, daß wir in unserer immer materialistischer scheinenden Welt wissenschaftliche Beweise für die Wirkung des Geistes auf die Materie finden können. Und so können wir durchaus etwas tun, ohne zu denen „da oben" zu gehören, die scheinbar die Macht haben, die Welt zu verändern, dies aber meist nur zu eigenen, profitorientierten Zwecken tun.

Jedoch fällt es in unserer Welt immer schwerer, positive Visionen zu haben. Die Träume, die man als Kind und Jugendlicher vielleicht noch hatte, kann man immer schwerer überhaupt noch erinnern, geschweige denn, daß es einem gelingt, sich neuen und positiven Visionen hinzugeben. Dabei wäre das so nötig in dieser Zeit. Denn unsere Gedanken wirken sich aus. Sie fließen in das Massendenken ein und beeinflussen auch diejenigen, die an den Schalthebeln der Macht stehen.

Die breite Masse ist zu träge, um sich überhaupt noch eigene Gedanken zu machen. Allerdings war es schon immer so, daß nur ein kleiner Teil der Menschen überhaupt Anteil an der Gestaltung der Zukunft nahm. Man darf es durchaus als gesellschaftliche Konstante annehmen, daraus im Umkehrschluß aber auch ableiten, daß es immer nur einige Wenige braucht, um Veränderungen in der Welt herbeizuführen.

Wir laufen Gefahr, uns vom Massendenken in eine Abwärtsspirale herunterziehen zu lassen, wenn wir uns nicht immer und immer wieder bewußt machen, wie wichtig neue und positive Zukunftsvisionen für unsere Welt sind. Das Fernsehen hypnotisiert uns tagtäglich eine Sicht der Welt ein, die weitgehend erbärmlich, aber von uns kaum noch beeinflußbar erscheint.

Da wir die Wahrnehmung der Welt weitgehend an die „Augen" der Fernsehkameras delegiert haben, ist es nicht verwunderlich, wenn die Welt so verrückt und trostlos scheint, wie sie uns dargeboten wird. Scheinbar vielfältig, aber überwiegend doch geprägt von Egoismus, Dummheit und Gewalt.

Doch alles auf der Welt hat zwei Seiten. Alles, was eine negative Seite hat, hat auch eine positive. Das Fernsehen ermöglicht uns Einblicke in Teile der Welt, die wir sonst niemals bekommen könnten. Und vielleicht trägt es sogar zum globalen Zusammenwachsen bei, vielleicht hat es zum Zusammenbruch des Eisernen Vorhangs zwischen der westlichen und östlichen Welt geführt, daß wir sehen konnten, daß woanders auch nur Menschen leben, die nicht viel anders sind als wir, vielleicht andere Lebensumstände und Überzeugungen haben, aber doch Menschen sind.

Tatsächlich machen uns die Massenmedien heute sehr viel Wissen über die Welt zugänglich. Auf der einen Seite ist also der Zuwachs an Informationen da, auf der anderen Seite die Aufmerksamkeit, die wir auf das Schlechte in der Welt, die Katastrophen, Kriege, Morde, Verbrechen richten. Auf der einen Seite das hypnotische Hinnehmen der Zustände, auf der anderen Seite das Verständnis für das Leben an allen möglichen Stellen auf unserem Planeten.

Das Gemeinsame, daß wir alle Teil der Schöpfung sind, wird uns von den Einflüsterern selten vermittelt. Daß überall auf der Welt Menschen versuchen zu überleben, nach ihrem Platz im Leben suchen, sich Gedanken über den Sinn ihres Daseins machen. Anstatt daß sich die geistigen und politischen Führer auf der Welt darauf verständigen, daß alles Leben Teil der Schöpfung ist und von daher das Recht hat zu sein, werden andere als Ungläubige oder Böse bezeichnet und Mißtrauen und Trennung erzeugt.

Wir bekommen über die Massenmedien mit, wenn in New York oder Bali Terroranschläge stattfinden – egal, ob Al Kaida dahinter steht oder die Geheimdienste der Neuen Weltordnung. Dinge, die wir gar nicht wissen würden ohne Fernsehen und Zeitungen. Die Massenmedien sind also Fluch und Segen zugleich.

Bei der Tsunami-Katastrophe im Jahre 2004 nahm die ganze Welt Anteil, zeigte Mitgefühl, wollte helfen. Auch wenn zur gleichen Zeit anderswo ebenso Menschen unter katastrophalen Umständen litten und starben, ohne daß die Bilder um die Welt gingen, zeigte sich, wie viele Menschen sich doch auch verantwortlich fühlen für Dinge, die in einem ganz anderen Teil der Welt stattfinden. Die Welle der Hilfsbereitschaft und Spenden zeigte durchaus das globale Mitgefühl der Menschen – fast mehr als das der Politiker.

Und es scheint, daß der überwiegende Teil der Menschheit nur in Frieden miteinander leben möchte, während einige Wenige mit Lügen und inszenierten Anschlägen die Völker gegeneinander aufhetzen und Kriege inszenieren, um ihre eigenen Macht- und Profitinteressen zu verfolgen. Diese Wenigen schaffen Tatsachen. Sie scheinen viel Macht zu haben. Es wäre aber dumm anzunehmen, daß es einen Schöpfer gäbe, der diesen Wenigen mehr Macht als allen anderen gegeben hätte, oder irgendein Schicksal sie mit einer Macht ausgestattet hätte, von der wir nur träumen können.

Tatsächlich haben sie nur so viel Macht, wie wir zulassen. Gut, die Massen mögen sich einlullen lassen, wenn die Politiker in ihren teuren Anzügen vor die Kameras treten und ihre Maßnahmen darlegen, die sie für das vermeintlich Gute leider ergreifen müssen. Aber wenn wir, die wir die Welt noch mit ein bißchen eigenständigem Denken betrachten, uns auch einlullen lassen und unsere Visionen von der Massenlethargie zerstören lassen, dann dürfte die Zukunft tatsächlich nicht rosig aussehen.

Allenfalls Hollywood bietet uns noch traumhafte Visionen anderer Welten an – computergeneriert und perfekt inszeniert und meist eher düster und schaurig schön. Und es ist leicht, diese Bilder wehmütig zu betrachten, und immer schwerer, noch eigene Visionen zu haben.

Die Quantenphysik, die Placebomedizin, die Wasserkristalle von Herrn Emoto – und viele andere Forschungszweige – geben uns heute das Wissen, daß wir die Welt verändern können, durch unsere Gedanken und Visionen von einer besseren, friedlicheren und lebenswerteren Welt. Wir müssen nicht mehr blind glauben wie die Menschen der vergangenen Jahrtausende.

„Dein Glaube hat Dir geholfen" sagte Jesus. Aber Glaube kann auch in die Irre gehen, Fehlvorstellungen von einem eigenen Gottesbild fanatisch verteidigen und andere bekämpfen. Aber heute haben wir viel mehr als den Glauben, denn die Auswirkungen der Gedanken auf die Realität werden heute von Forschungen bestätigt. Und wir können uns über alle möglichen Religionen und Weltbilder informieren und das für uns Annehmbare herauspicken.

Was wir mit dem Wissen machen, bleibt immer wieder uns selber überlassen. Das war schon immer so, nur daß die Menschen in den vergangenen Jahrtausenden nicht Zugang zu solch einer Fülle von Wissen hatten.

Gut, ein Großteil des Vorgesetzten in unserer Informationsgesellschaft ist eher überflüssig, dumm und sehr häufig sogar bewußte Fehlinformation. Wissen muß man sich mühsam aus einer Fülle von Dreck, Lügen und Desinformation heraussuchen. Aber zum Glück hat die Schöpfung uns ja mit einem leistungsfähigen Verstand ausgestattet.

Sicher, eine Menge Umstände im Leben sind beängstigend, traumatisieren uns, programmieren uns die merkwürdigsten Verhaltensmuster ein. Und sich aus dem Wust an Informationen, Sorgen, Konzepten usw. des Massendenkens zu lösen, gelingt scheinbar immer nur einem kleinen Teil einer Gesellschaft. Dieser kleine Teil genügt aber durchaus, um das Ganze zu verändern.

Wir müssen uns immer wieder nur daran erinnern, wo wir herkommen und was wir hier wollen: uns seelisch weiter entwickeln - in einer Welt der Dualität, in der es all diese Probleme gibt, mit denen wir uns herumschlagen müssen. Und wir haben Schöpferkräfte bekommen. Ob von Gott oder einem irgendwie sinnvoll geordneten Universum ist Ansichtsache – und vielleicht das selbe. Diese Schöpferkräfte allerdings wieder sinnvoll anzuwenden, vergessen wir allzuleicht, wenn wir uns abends vor den Fernseher hocken, um die Nachrichten zu verfolgen, in denen uns ausgemalt wird, wie uns das Leben noch schwerer gemacht werden wird. (Oder im Internet, wo es vielleicht etwas mehr „in" scheint.)

„Die da oben" scheinen vergessen zu haben, daß wir alle Teile der selben Schöpfung sind, und stellen sich über uns und alles Leben. Es scheint ihnen nichts auszumachen, Soldaten in Kriege zu schicken, Abwurfbefehle für Bomben oder sonstiges Ungemach zu befehlen. Aber vielleicht glauben sie auch, daß sie etwas Gutes tun. Wie können wir sie verurteilen? Und was würde es nützen? Nichts. Ein politischer Umsturz würde auch nicht viel verändern, da danach wieder andere skrupellose Machtmenschen das Steuer an sich reißen werden, solange sich das Denken nicht verändert hat und die Menschen ihre eigene Macht nicht wieder annehmen.

Verschwörungstheorien sind nicht dazu da, mit dem Finger auf die da oben zu zeigen und zu denken, daß die dafür verantwortlich sind, daß es uns schlecht geht, sondern zu erkennen, was läuft, und sich von deren Manipulationen zu befreien.

Wir sind da, wo wir sind, weil wir es zugelassen haben. Individuell und kollektiv. Nun, einige haben versucht, es nicht zuzulassen, und sind vielleicht im Gefängnis gelandet oder sonstwie Verfolgungen des Systems ausgeliefert.

Wir lassen zu, was passiert, wenn wir unsere eigenen Visionen verraten – oder vergessen haben, daß wir mal welche hatten. Das ist kein Vorwurf an Sie, denn ich schreibe dies durchaus auch als Beobachtung meiner selbst. Ich weiß, wie leicht es ist, sein Schicksal mit Sorgen zu betrachten und mit sich selber unzufrieden zu sein, weil man nicht so recht weiß, was man überhaupt Sinnvolles tun kann, den Fernseher leichter ein- als ausschaltet und ebenso ins Internet geht oder herauskommt.

Die Erinnerung daran, daß wir geistige Wesen sind, die Erfahrungen in einer physischen Welt machen, um zu lernen, ist immer wieder wichtig, wenn wir uns im Hamsterrad festgelaufen haben – (Kann man das so sagen? Hm...)

Erinnern wir uns an unsere Visionen, die wir als Kinder hatten. Stellen wir uns vor, daß trotz aller Einflüsse finsterer Kabalen die Menschen immer mehr erkennen, daß sie Teil desselben Schöpfungsplanes sind und daß wir an einem Spiel teilnehmen dürfen, bei dem die Karten zwar zunächst ungerecht verteilt erscheinen, wenn wir uns aber an die Kraft unserer Gedanken erinnern, auf einmal wieder alle die gleichen Chancen haben. Und es geht bei dem Spiel nicht ums Gewinnen, sondern um die Erfahrung des Spielens. Denn die Mitspieler sind genauso Teil der Schöpfung wie wir. Warum sollten wir anderen das Leben schwer machen, wenn wir auch nicht wollen, daß sie uns das Leben schwer machen?

Wir haben in uns eine Instanz, die weiß, was richtig oder falsch ist. Ein Teil unserer Selbst ist mit allem, was ist, verbunden, mit dem gesamten Universum, das beseelt ist und lebt. In unserem Herzen spüren wir – auch wenn es manchmal verschüttet ist unter massenhaft traumatisierenden Erfahrungen – was gut ist und was nicht. Und es gibt einen Riesenspielraum, Entscheidungen zu treffen. Fehler zu machen ist erlaubt. Aber nicht daraus zu lernen ist zumindest leichtfertig.

Wenn wir verliebt sind, spüren wir in unserem Herzen die Freude oder den Schmerz. Wir dürfen immer lieben, auch wenn wir denken, daß Liebe nur Liebe ist, wenn sie erwidert wird. Aber Liebe ist auch das, was das Universum erschaffen hat und aufrecht erhält. Liebe urteilt nicht. Liebe vergibt. Liebe möchte nicht, daß es einem anderen Teil des Universums schlecht geht. In einen anderen Menschen verliebt zu sein, ist nur die Volksausgabe der Liebe. Diese Gefühle auch für alles Leben zu entdecken, wird uns hier wirklich nicht leicht gemacht, wäre aber Voraussetzung für eine bessere Zukunft.

Wenn vieles in der Welt heute ohne Liebe entschieden wird, ist nicht Kampf gegen irgendwelche dunklen Mächte die Lösung, sondern Liebe. Und davon können wir massig ausgeben, ohne daß es weniger wird. Auch wenn das, was zurückkommt, manchmal wenig liebevoll aussieht, ist es doch immer dazu da, daß wir lernen und uns entwickeln.

Wir setzen Ursachen und bekommen Wirkungen ab. Und diese haben miteinander zu tun, auch wenn uns der Verstand sagt: „Ich kann doch nichts dafür, daß die anderen...."

Wir sind gemeinsam in diesem Spiel, das sich Leben nennt. Wir können es gegeneinander spielen, weil uns irgend jemand eingeredet hat, daß man ein Weichei ist, wenn man sich zu sehr um andere kümmert, oder erkennen, daß wir alle auf der selben Seite spielen.

Erinnern wir uns daran, was schöpferischer Geist alles machen kann. Erinnern wir uns daran, wie schön das Leben ist. Vielleicht mal wieder erhebende Musik hören, vielleicht etwas Klassisches, das uns daran erinnert, was ein schöpferischer Geist im Herzen von anderen bewirken kann.

Wir schaffen stets durch unsere Gedanken. Aufmerksamkeit ist Energie. Wir sollten wachsam sein, worauf wir unsere Aufmerksamkeit richten, und uns öfter daran erinnern, daß die Trennung von den anderen nur eine Täuschung ist, um uns als das kennenzulernen, was wir sind.

Wir stehen heute durchaus auf (quanten-) wissenschaftlich anerkanntem Boden, auch wenn unser Geist sich manchmal von der Erdenschwere lösen möchte. Es ist erlaubt, ihn freizulassen, um eine lebenswertere Zukunft zu manifestieren. Die Quantenphysik ist unser Freund, wenn man uns weismachen will, daß das, was wir glauben, unwissenschaftlich ist. Nein, das ist es nicht. Unsere Visionen können die Zukunft verändern! ∎

Jo Conrad ist Fotograf, Musik- und Videoproduzent, Autor und Moderator bei www.secret.tv. Er veröffentlichte mehrere Sachbücher und Artikel in diversen Zeitschriften, hält Vorträge zu Hintergründen des Weltgeschehens und der spirituellen Transformation der Erde.
Kontakt: www.joconrad.de

Grazyna Fosar

Die Reise zum Gral

Wie entsteht bewußtes Leben? Der Schöpfer läßt sich nur sehr ungerne in seine Blaupausen schauen. Sobald wir ihn erwischen wollen, ist er immer schneller als wir. Und trotzdem gibt es auf diesem Planeten ein paar ganz freche, neugierige Wesen, die es ständig versuchen.

Ihre Methode ist die Post-Quantenphysik des Bewußtseins - eine Synthese zwischen quantenphysikalischen Gesetzmäßigkeiten und Erkenntnissen der Bewußtseinsforschung. Da ich selbst auch zu diesen Wesen gehöre, möchte ich jetzt nur so viel verraten, daß man dem uralten Problem des Dualismus von Körper und Geist einen neuen Dreh geben muß. Zur Zeit sieht es danach aus, daß man sich den geistigen Aspekt als eine Art informationstragender Quantenwelle vorstellen kann. Den materiellen Aspekt bilden die bekannten Bausteine der Materie, also die Elementarteilchen. Sie tanzen und surfen auf dieser

Quantenwelle, die ihnen die Bewegungsrichtung vorgibt, und durch ihren Tanz wirken sie auf die Form der Quantenwelle wieder zurück.

Dynamik und Entwicklung im Leben entstehen also durch Rückkopplung, durch Konfrontation mit sich selbst. Die frechen, neugierigen Wesen nennen dies den heiligen Gral der Wissenschaft.

Ich aber möchte Dich jetzt auf Deinem persönlichen Weg zum Gral begleiten. Dies ist jetzt Dein Weg und Dein Gral, und er wird Dich zu einer Konfrontation mit Dir selbst führen.

Vielleicht möchtest Du etwas Neues im Leben beginnen und mußt nun hierfür Kraft sammeln. Vielleicht möchtest Du aber nur etwas über Deinen momentanen Seelenzustand erfahren. Du kannst diese Übung jederzeit machen, wenn Dein Leben Dir einen Anlaß dafür gibt. Es ist wichtig, sich klarzuwerden über seine Möglichkeiten, bevor man in einen neuen Lebensabschnitt eintritt.

Während Du dieses Buch liest, kannst Du gleichzeitig Deinen Atem spüren, wie er ein- und ausströmt, und er führt Dich in eine tiefe Ruhe hinein, in der Du in Dir nachschauen kannst nach Erlebnissen aus Deinem Leben.

Denke bitte zuerst an eine Begegnung mit einem Menschen, die Dir besonders viel Kraft und Liebe gegeben hat. Es kann irgendeine Begebenheit sein, die vielleicht schon länger zurückliegt oder auch erst vor kurzem sich ereignete. Ich glaube, Du hast schon in Dir einen Gedanken, worum es sich handelt.

Versuche nun, diese Erinnerung stärker werden zu lassen. Erspüre in Dir, wie Du Dich damals fühltest in einer Situation, in der Dir die Begegnung mit einem Menschen besonders viel Liebe, Freude, Glück oder Kraft gegeben hat. Denke nicht daran, was später aus dieser Begegnung geworden ist. Denke nur an den Augenblick damals, als Du Dich voller Liebe, Glück, Kraft und Freude gefühlt hast. Spüre dies noch einmal in Dir und genieße diesen Moment, in dem Dir diese Begegnung viel gegeben hat. Finde einen kurzen Moment Zeit, um dieses Erlebnis in Dir voll wieder erstehen zu lassen. Lasse Dich erfüllen von der Freude und dem tiefen Glück, das man erleben kann, wenn einem ein geliebter Mensch oder ein guter Freund begegnet.

Lasse dieses Gefühl noch mehr in Dir wachsen, und im Moment, wo Du voll und ganz das Erlebnis in Dir wieder spürst, lasse die Kraft der Liebe, die Du nun wieder in Dir hast, in Deine linke Hand fließen und halte sie dort fest. Halte sie fest, indem Du mit Deiner linken Hand eine Faust machst. In Deiner linken Hand ist nun all die Kraft und Liebe dieses Augenblicks für Dich gespeichert.

Dann lasse diesen Moment sanft los. Bedanke Dich bei diesem Menschen für die schöne Zeit und lasse ihn los. All die Liebe und die Kraft, die er Dir gab, ist in Deiner linken Hand gespeichert, und Du hast sie nun immer zur Verfügung. Lasse los.

Nun möchte ich, daß Du Dich an eine andere Begebenheit Deines Lebens erinnerst - an eine Begebenheit, in der Dir ein Mensch sehr weh getan hat. Dieser Moment kann schon lange zurückliegen oder auch erst vor kurzem gewesen sein. Doch ich glaube, Du weißt schon, welches Erlebnis Dir in den Sinn kommt.

Sieh jetzt genau hin. Lasse es zu, daß auch diese Gefühle in Dir noch einmal entstehen. Sieh auch diesem Menschen noch einmal in die Augen und lasse zu, daß Du fühlst, was Du damals fühltest in dieser schmerzlichen Erfahrung. Vielleicht war es ein geliebter Mensch, der Dich verlassen mußte. Vielleicht war es auch jemand, der Dir in einer Situation ein Leid zufügte. Lasse es zu, daß auch dieser Schmerz in Dir wieder hochkommt. Sieh dem Menschen dabei in die Augen, so daß auch diese Erfahrung in Dir voll wieder entsteht.

Doch dieses Leid sollst Du nicht in Dir behalten. Atme einmal tief durch und balle Deine linke Faust. Spüre in Dir wieder die Kraft, die Dir die liebevolle

Begegnung gab. Lasse diese Kraft in Dir hochsteigen und betrachte dann die leidvolle Situation noch einmal. Sieh dem Menschen, der Dir Leid zufügte, noch einmal ins Auge, und dann sieh ein, daß er kein schlechter Mensch war, sondern nur ein Mensch, der damals einen anderen Weg gehen mußte als Du. Stelle Dir vor, daß ihr gemeinsam an einer Weggabelung steht und Du nach links und er nach rechts gehen muß.

Halte Deine linke Faust fest geballt, und gib dem anderen Deine rechte Hand zum Abschied. Danke auch ihm dafür, daß er Dir ermöglichte, eine wichtige Erfahrung in Deinem Leben zu ziehen. Sage ihm Lebewohl und lasse ihn gehen. Halte Deine linke Faust fest geballt, und lasse mit ihm auch alle Schmerzen aus Dir gehen. Sieh ihm nach, bis er am Horizont verschwindet, und wünsche ihm Glück auf seinem weiteren Weg, der nicht Deiner ist. Halte nur die Kraft bei Dir, die Du in Deiner linken Faust gespeichert hast. Löse Deinen Blick von der Situation. Sei Dir darüber klar, daß nur Du selbst Dir die Gefühle des Schmerzes hast erzeugen können. Du hast die Möglichkeit, aus dieser Situation zu lernen und sie loszulassen.

Atme nun wieder tief und ruhig ein und aus und löse Dich endgültig von diesem Erlebnis, das nun für Dich keinen Schmerz mehr beinhaltet.

Denn ich möchte nun, daß Du in Dir eine weitere Situation entstehen läßt - eine Situation Deines Lebens, wo Du besonders erfolgreich und stolz auf Dich warst. Bestimmt hast Du so etwas irgendwann einmal erlebt. Vielleicht als Kind, als Deine Eltern oder Dein Lehrer Dich lobten, oder im Beruf oder in irgendeiner Situation, die vielleicht schon länger zurückliegt oder auch erst vor kurzer Zeit geschehen ist. Spüre diesen Erfolg noch einmal in Dir. Sieh hin. Ich glaube, Du weißt schon, welches Erlebnis in Dir entstehen möchte. Sieh genau hin und fühle in Dir, wie der Erfolg sich anfühlt, wie er riecht und schmeckt, wie er aussieht und wie er sich anhört. Sieh hin und lasse diese Erfahrung in Dir noch reicher werden, noch intensiver.

Dann, wenn Du in Dir spürst, daß diese Erfahrung wieder voll in Dir lebendig wurde, speichere auch diese Kraft in Deiner linken Faust. Lasse auch diese Kraft in Deine linke Faust fließen und halte sie fest, denn auch diese Kraft wirst Du brauchen für Deine nächsten Lebenserfahrungen. Die Erinnerung an das Erlebnis jedoch kannst Du jetzt loslassen. Bedanke Dich bei Dir für diesen Erfolg, auf den Du so stolz sein konntest. Bedanke Dich bei Dir, daß Du gelernt hast, daß Du Dir eine solche Freude hast bereiten können, und lasse es dann los. Es ist vorbei. Nur die Kraft, die damals in Dir entstand, kann Dir niemand mehr nehmen. Halte sie fest in Deiner linken Faust. Halte sie in Deiner linken

Faust fest, denn Du kannst sie gebrauchen, sobald Du einmal etwas Neues im Leben beginnen möchtest.

Schaue weiter in Dein Inneres und hole eine Situation hervor, in der Du besonders enttäuscht warst, in der Du vielleicht einen Fehler begangen hast. Eine Situation, in der Du glaubtest, versagt zu haben, in der Dir ein besonders großer Mißerfolg zuteil wurde. Vielleicht liegt dieses Erlebnis schon lange zurück, vielleicht ist es auch erst vor kurzem geschehen. Ich glaube, Du weißt schon, worum es sich handelt. Schaue auch dies an. Mache Dir auch klar, wie der Mißerfolg schmeckt, wie die Enttäuschung sich anfühlt, wie ein Fehler aussieht, den Du gemacht hast, denn auch dies gehört zum Leben, so wie die schönen Erlebnisse.

Betrachte genau noch einmal, was Du damals getan hast und wie es Dir Schmerz bereitete. Schaue noch einmal an, was Dir Mißerfolg brachte, und erlaube auch den Gefühlen, in Dir noch einmal zu entstehen, denn sie stecken noch in Dir, da Du dieses Erlebnis ausgewählt hast. Lasse es zu, daß sie aufsteigen.

Sobald Du die Gefühle wieder in Dir spürst, atme tief durch und balle Deine linke Faust, fester als vorher, hole Dir die Kraft, die Du dort gespeichert hast, und betrachte diese Situation aufs Neue. Balle Deine linke Faust ganz fest und schaue auf Deinen Mißerfolg. Beurteile noch einmal, ob es ein Mißerfolg war, oder ob Du nur aus verletzten Gefühlen daran festgehalten hast, ob es vielleicht nicht viel eher eine wertvolle Lehre für Dich gewesen ist, aus der Du nur noch nicht gelernt hast, denn Du konntest noch nicht den Schmerz loslassen.

Balle Deine linke Faust ganz fest, und dann distanziere Dich von dem damaligen Geschehen. Schaue es Dir noch einmal an, aber von fern, so als ob Du ein Foto betrachten würdest. Sieh hin, was Du daraus gelernt hast oder noch lernen könntest. Bedanke Dich bei Dir auch für diese wertvolle Erfahrung, denn ohne Fehler kann ein Mensch im Leben nicht weiterkommen. Löse Dich weiter von dieser Erfahrung und ziehe Deine Lehre daraus. Bedanke Dich dafür, daß Dir das Leben eine Möglichkeit gegeben hat zu lernen, und dann lasse es los.

Lasse es los. Halte die Fotografie in Deiner rechten Hand und lasse sie kleiner werden, immer kleiner, bis zur Größe einer Briefmarke. Und dann halte Deine linke Faust darüber, so daß die Kraft in Dir diese kleine Briefmarke hinwegweht, so wie ein welkes Blatt im Wind. Löse Dich von der Bedrückung und halte nur die Kraft fest, die in Dir steckt. Lasse los.

Lasse los, und dann gehe wieder dazu über, Deinen Atem zu beobachten. Sieh hin, wie er ein- und ausströmt, wie er Dich mit Lebenskraft erfüllt. Gib acht, wie der Atem immer leichter in Dir fließt, denn

Du hast schon einige Sorgen, einige Bedrückungen aus Dir losgelassen. Lasse den Atem Dich durchströmen und spüre die Kraft, die er Dir gibt.

Und dann gehe weiter in Dein Inneres. Sieh Dir noch eine Situation an aus Deiner Vergangenheit, in der Du ein großes Glück erlebtest. Eine Situation, als Dir etwas geschah aus heiterem Himmel, was Dir viel Freude machte, was Dir vielleicht einen Gewinn brachte oder die Erfahrung einer großen Liebe, oder was Dir viel Spaß machte. Ich denke, Du weißt schon, um was es geht. Betrachte dieses große Glück. Erkenne es in Dir noch einmal, betrachte es und spüre, wie es sich anfühlt. Berieche es noch einmal, schmecke es, höre es. Lasse dieses Glücksgefühl Dich mit allen Sinnen erfüllen und spüre dabei Deine innere Harmonie, Deine Freude.

Lasse dieses Gefühl sich noch steigern, lasse es noch stärker in Dir werden. Lasse zu, daß es immer mehr Dich erfüllt, und in dem Moment, wenn Du der Meinung bist, daß es Dich so intensiv erfüllt wie nie zuvor, dann lasse dieses Gefühl des Glücks und der Freude in Deine linke Faust fließen und halte es dort fest.

Halte auch dieses Gefühl in Deiner linken Faust fest. Die Erinnerung an dieses Erlebnis jedoch lasse los. Bedanke Dich beim Leben, daß es so ein Glück Dir bescherte. Bedanke Dich bei Dir, daß Dein Bewußtsein es zuließ, daß Du in so eine schöne Situation geraten konntest, und lasse sie los. Halte nur die Kraft fest, das Glücksgefühl, den Stolz über Deine Erfolge, die Freude über das unverhoffte Glück, die Erfüllung der Liebe. Halte diese Kräfte in Dir fest, denn Du wirst sie benötigen auf Deinem Lebensweg, der noch vor Dir steht. Halte alles fest, was Dir die Kraft gibt, Dein Leben weiter zu führen. Die Erinnerung aber lasse los.

Denn jetzt möchte ich, daß Du Dir noch ein anderes Erlebnis anschaust, eines, in dem Du ein großes Unglück zu erleben glaubtest. Ein Erlebnis, bei dem Du meintest, daß die ganze Welt sich gegen Dich verschworen hätte, wo Du aus heiterem Himmel eines Tages mit einer Situation konfrontiert wurdest, die Dir Schmerz brachte, die Dich vielleicht in Angst versetzte oder Dir Sorgen bereitete. Ich glaube, Du weißt schon, worum es sich handelt, egal, ob es schon länger zurückliegt oder erst vor kurzem sich ereignete.

Lasse zu, daß auch dieses Erlebnis noch einmal in Dir ersteht. Gib auch diesen Gefühlen die Chance, sich in Dir noch einmal zu entwickeln. Lasse zu, daß die Gefühle, die Bilder, die Eindrücke noch einmal in Dir entstehen, als Du damals glaubtest, großes Unglück zu erleben, als Dir scheinbar alles schief zu gehen schien, als Du ohne das Gefühl einer Schuld viel Schlimmes im Leben erlebtest. Lasse zu, daß auch diese Gefühle entstehen, und dann atme tief durch und halte Deine linke Faust ganz hoch, balle sie noch fester als je zuvor, und betrachte die Situation noch einmal. Gehe aus dieser Situation heraus und betrachte sie von außen, so als ob Du sie im Fernsehen sehen würdest. Nimm Dir Zeit, sie noch zu betrachten, und balle Deine linke Faust dabei ganz fest, denn Du hast schon so viel Kraft in Dir gespeichert.

Sieh hin und erkenne, daß es kein Unglück im Leben gibt, das von außen kommt, sondern daß Dein eigenes Bewußtsein es ist, das Dein Leben gestaltet. Sieh ein, daß alles Schlechte, was Du im Leben glaubst zu erfahren, nur der Ausdruck Deiner mangelnden Bewußtheit gewesen ist, und daß Du jetzt alles klarer sehen kannst. Lerne aus diesen Fehlern, auch wenn sie schmerzlich waren. Jetzt hast Du die Kraft aus Deiner linken Faust geholt und kannst auch diese Situation neu sehen. Sobald Du sie genug betrachtet hast, um Deine Lehren daraus zu ziehen, dann nimm die Fernbedienung und drehe das Bild dunkler. Drehe es so dunkel, bis Du es kaum noch siehst, und dann schalte das Fernsehgerät aus. Lasse los.

Bedanke Dich bei Deinem Leben, daß es Dir auch diese Erfahrung ermöglicht hat. Bedanke Dich bei Dir, daß Du im Leben lernen durftest, und dann lasse los.

Gehe in Deine Atmung hinein, und lasse den Atem ein- und ausströmen. Sieh Dir innerlich dabei zu, wie die Atemluft Dir neue Kraft gibt, wie sie Dich erfüllt und Dich weiter in die Ruhe gleiten läßt. Du hast schon viel geleistet in dieser Meditation, und ich denke, Du hast Dir einen kurzen Moment der Ruhe verdient. Atme einfach ein und aus.

Nun hast Du eine Zeit der Ruhe erlebt, in der Dir Dein Atem den Weg wies in die Stille. Du hast schon viel Kraft gespeichert in Deiner linken Faust. Du wirst sie benötigen, denn ich möchte, daß Du nun noch eine weitere Aufgabe erfüllst. Die Vergangenheit hast Du bereits in Augenschein genommen. Nun kommt ein neuer Lebensabschnitt auf Dich zu. Ein neuer Lebensabschnitt, der Dir neue Erfahrungen bringen wird. Auch er will gemeistert sein, denn er ist das, was im Moment am wichtigsten für Dich ist.

Deshalb möchte ich, daß Du Dir einen Plan vorstellst, daß Du Dir vorstellst, was Du in der nächsten Zeit für Dich Neues, Schönes, Interessantes in Angriff nehmen möchtest. Sieh Dir auch dies genauso an, wie Du Dir die alten Erlebnisse angesehen hast. Sieh hin und balle Deine linke Faust, damit Du die Kraft in Dir hast, um diesen neuen Lebensabschnitt angreifen zu können.

Gibt es etwas, was Dich noch aufhalten könnte? Wenn ja, dann gehe noch einen Moment in Deine Atmung hinein. Denke nur an Deine Atmung und habe noch einen Moment Ruhe, denn noch ein letztes Hindernis liegt vor Deinem Weg. Atme ein und aus, und lasse Dich treiben in die Ruhe.

Dann möchte ich, daß Du die Sorge betrachtest, die Dich noch davon abhält, Deinen Plan in die Tat umzusetzen. Betrachte die Sorge, die Du in Dir wälzt. Lasse sie in Dir klar werden, lasse die Gedanken in Dir aufsteigen, die Vorahnungen, die Dich hindern, Deinen Plan umzusetzen.

Sobald Du siehst, worum es geht, dann balle Deine linke Faust, balle sie so fest wie nie zuvor. Sieh hin, ob diese Sorge berechtigt ist. Sieh hin, ob es notwendig ist, daß alles so geschieht, wie Du es befürchtest, oder ob es nur ein Ausdruck Deiner noch zu geringen Selbstachtung ist. Halte Deine linke Faust so fest geballt wie nie zuvor und sieh hin, ob die Sorge nicht dahinschmilzt wie der Schnee im Frühling. Halte Deine linke Faust geballt, bis die Sorge immer weicher und undeutlicher wird, bis die innere Kraft in Dir die Sorge zerstört, bis sie dahinschmilzt, wie der letzte Schnee an einem sonnigen Märztag.

Lasse die Sorge los. Bedanke Dich bei Dir, daß Deine Seele Dir auch Gelegenheit gibt, Gefahren abzuschätzen. Bedanke Dich bei Deinem Innern, daß es Dich nicht blind in Dein Schicksal rennen läßt.

Dann lasse los. Halte nur die linke Faust geballt, die Dir Kraft gibt auf Deinem Weg.

Atme nun tief und ruhig und sieh hin, was nun vor Dir liegt. Sieh hin, was auf Deinem Weg nun vor Dir zu erkennen ist. Vielleicht fühlst Du Dich leer nach dieser bedeutsamen Arbeit, aber Du hast ja in Deiner linken Faust die Kraft, die Dir alles gibt, was Du brauchst. Alles andere ist im Moment nicht nötig.

Denke daran, daß in der dunkelsten aller Winternächte vor langer Zeit in einem Stall ein Kind geboren wurde, das nichts weiter hatte als seine Liebe zu den Menschen. Sieh hin, aus wie wenigen Dingen der Mensch etwas Großes schaffen kann.

Sieh hin zum Horizont, wie die Sonne aufgeht, und gehe auf das Licht zu. Halte Deine linke Faust geballt und gehe auf das Licht zu. Es ist das Licht Deines neuen Lebensabschnittes.

Du bist nun frei, denn Du hast alles losgelassen, was Dich noch an die Vergangenheit gebunden hat. Gehe weiter und sieh zu, wie die Sonne hinter den Bergen hochsteigt, wie ihr Licht immer strahlender wird. Gehe weiter, ohne Dich umzudrehen.

Du bist vielleicht allein, aber Du wirst auch auf diesem Weg Menschen treffen, die Dich begleiten. Du wirst auf diesem Weg lernen. Du wirst auf diesem Weg neue Kraft schöpfen. Halte Deine Faust geballt, und gehe dem Licht entgegen.

Sobald Du nur irgendwann am Tage Deine linke Faust wieder ballst, wirst Du die gleiche Ruhe, Sicherheit und Kraft in Dir spüren, die Du auch jetzt spüren kannst.

Denke nur an Deinen neuen Lebensabschnitt und an die Pläne, die Du nun in die Tat umsetzen willst. Du bist frei von allem, was Dich gebunden hat. Du bist nun offen, Dich neu zu orientieren im Leben. Du spürst die Sicherheit, daß in Dir das Göttliche ist, das Dich führt. Du vertraust nun Deinem Selbst, das in Dir ist, und aus Deinem Selbstvertrauen heraus gehst Du Deinen Weg weiter, im sicheren Wissen, daß Gott Dich nie verlassen kann.

GEHE WEITER UND LEBE. ■

GRAZYNA FOSAR ist Astrophysikerin und Autorin von bislang 16 Büchern (Co-Autor Franz Bludorf), von denen viele Bestseller wurden. Sie beschäftigt sich hauptsächlich mit der Post-Quantenphysik des Bewußtseins. Zahlreiche TV- und Rundfunkauftritte. Als leitende Redakteurin ist sie bei der Zeitschrift Matrix3000 für die Rubriken Wissenschaft, Grenzwissenschaft und Wurzeln zuständig.
Kontakt: www.fosar-bludorf.com

Wir verabschieden uns nicht...

Hier finden Sie eine kleine Auswahl der Bücher, die die Autoren dieser Anthologie geschrieben haben. Wenn also auch Sie sich von einem von uns nicht verabschieden wollen, können Sie nach weiteren seiner Bücher stöbern. Zum Beispiel auf der Webseite des jeweiligen Autors oder ganz einfach in Ihrer heimatlichen Buchhandlung.

Neale Donald Walsch:

- Gespräche mit Gott. Band 1: Ein ungewöhnlicher Dialog. Arkana Taschenbuch 2006. ISBN 978-3-44221-786-1.

- Gespräche mit Gott. Band 2: Gesellschaft und Bewußtseinswandel. Goldmann Verlag 2008. ISBN 978-3-44221-838-7.

- Gespräche mit Gott. Band 3: Kosmische Weisheit. Goldmann Verlag 2008. ISBN 978-3-44221-851-6.

- Gespräche mit Gott: Zuhause in Gott: Über das Leben nach dem Tode, Goldmann-Verlag 2007. ISBN 978-3-44233-762-0.

- Erschaffe dich neu. Goldmann-Verlag 2003. ISBN 978-3-44216-443-1.

Olaf Jacobsen:

- Ich stehe nicht mehr zur Verfügung. Wie Sie sich von belastenden Gefühlen befreien und Beziehungen völlig neu erleben. Windpferd-Verlag 2008. ISBN 978-3-89385-538-4.

- Nichts ist All-ein. Alles ist in Resonanz. Band I: Die Perfektion des Universums. Publishing on Demand. ISBN 978-3-936116-12-0.

- Nichts ist All-ein. Alles ist in Resonanz. Band II: Die Geburt der Weltformel. Publishing on Demand. ISBN 978-3-936116-21-2.

- Nichts ist All-ein. Alles ist in Resonanz. Band III: Die Perfektion des Menschen - Neue Gleichgewichte in unserem Alltag. Publishing on Demand. ISBN 978-3-936116-31-1.

- Das freie Aufstellen. Gruppendynamik als Spiegel der Seele. Publishing on Demand. ISBN 978-3-936116-61-8.

Rüdiger Dahlke:

- Krankheit als Symbol. Handbuch der Psychosomatik. C. Bertelsmann Verlag 2007. ISBN 978-3-57012-265-5.

- Depression. Wege aus der dunklen Nacht der Seele. Goldmann-Verlag 2006. ISBN 978-3-44233-749-1.

- Der Körper als Spiegel der Seele. Gräfe&Unzer-Verlag 2007. ISBN 978-3-83380-722-0.

- Das große Buch vom Fasten. Goldmann-Verlag 2008. ISBN 978-3-44233-801-6.

- Schlaf - die bessere Hälfte des Lebens. Heyne-Verlag 2008. ISBN 978-3-45370-090-1.

Grazyna Fosar / Franz Bludorf:

- Niemand ist Nobody. Reinkarnation, Zeitschleifen, Kabbala. Michaels Verlag 2006. ISBN 978-3-89539-387-7.

- Zeitfalle. Der Code der Weltgeschichte. Michaels Verlag 2005. ISBN 978-3-89539-386-0.

- Fehler in der Matrix. Leben Sie nur, oder wissen Sie schon? Michaels Verlag 2003. ISBN 978-3-89539-236-8.

- Vernetzte Intelligenz. Die Natur geht online. Gruppenbewußtsein, Genetik, Gravitation. Omega-Verlag 2001. ISBN 978-3-93024-323-5.

- Terra Incognita. Erde in Harmonie. Erde in Wut. Argo-Verlag 2005. ISBN 978-3-93798-717-0.

Rupert Sheldrake:

- Das schöpferische Universum. Die Theorie des morphogenetischen Feldes. Nymphenburger Verlag 2008. ISBN 978-3-54835-359-3.

- Sieben Experimente, die die Welt verändern könnten. Fischer Taschenbuch 2005. ISBN 978-3-59616-669-5.

- The Sense of Being Stared At. Three Rivers Verlag 2004. ISBN 978-1-40005-129-8.

- Der siebte Sinn der Tiere. Warum Ihre Katze weiß, wann Sie nach Hause kommen, und andere bisher ungeklärte Fähigkeiten der Tiere. Fischer Taschenbuch 2007. ISBN 978-3-59617-496-6.

- Der siebte Sinn des Menschen. Gedankenübertragung, Vorahnungen und andere unerklärliche Fähigkeiten. Fischer Taschenbuch 2006. ISBN 978-3-59616-870-5.

Uri Geller:

- Die Macht des Geistes. Nutzen Sie meine Geheimisse für Wohlstand, Gesundheit und Glück. Nymphenburger Verlag 2006. ISBN 978-3-48501-076-4.

- Powerguide zum Erfolg: Mit der Macht des Geistes Träume verwirklichen. Nymphenburger Verlag 2007. ISBN 978-3-48501-108-2.

- Ella. Mystery-Roman. Verlag Langen-Müller 2007. ISBN 978-3-78443-132-1.

- Mein Wunder-volles Leben. Die Autobiographie eines Mega-Stars. Silberschnur-Verlag 1995. ISBN 978-3-92378-190-4.

Wulfing von Rohr:

- Einführung in die Horoskopdeutung. Planeten, Zeichen, Aspekte, Häuser. Goldmann-Verlag 2008. ISBN 978-3-44221-842-4 .

- Was lehrte Jesus wirklich? Wie man auch heute noch über Jesus mit Gott in Verbindung treten kann. Die verborgene Botschaft der Bibel. Schirner-Verlag 2008. ISBN 978-3-89767-569-8.

- Prophezeiungen für unser Jahrhundert. Zwischen alten Ängsten und neuen Hoffnungen. Lüchow-Verlag 2007. ISBN 978-3-36303-128-7.

- Meditation. Ein Praxisbuch für den Alltag. Lüchow-Verlag 2005. ISBN 978-3-36303-063-1.

- Fünf Kräfte meiner Seele. Archetypen, kosmische Gestalten und Krafttiere zur Selbsterkenntnis und spirituellen Entwicklung. Lüchow-Verlag 2005. ISBN 978-3-36303-077-8.

Penny McLean:

- Begegne Deinem Schutzengel. Hugendubel-Verlag 2008. ISBN 978-3-72056-051-1.

- Das Geheimnis der Schicksalsrhythmen. Wie 7-Jahres-Schritte unser Leben bestimmen. Knaur-Verlag 2007. ISBN 978-3-42666-573-2.

- Interview mit dem Schicksal. Knaur-Verlag 2006. ISBN 978-3-42687-270-3.

- Schutzgeister: Vom Wesen und Wirken unserer Seelenbegleiter. Hugendubel-Verlag 2006. ISBN 978-3-72052-732-3.

- Numerologie und Namen: Ihr Erfolg ist berechenbar. Knaur-Verlag 2006. ISBN 978-3-42687-192-8.

Jo Conrad:

- Wendungen. Über Hintergründe des Weltgeschehens und den Umgang mit Ängsten. Bignose Media 2004. ISBN 978-3-93371-802-0.

- Zusammenhänge. Was läuft schief in unserer Welt? Bignose Media 1998. ISBN 978-3-93371-800-6.

- Ursprünge. Über die Vielfalt des Lebens, die Ordnung und den Grund des Hierseins. Bignose Media 2000. ISBN 978-3-93371-801-3.

- Entwirrungen. Über kosmische Gesetzmäßigkeiten und warum sie uns vorenthalten werden. Bignose Media 2001. ISBN 978-3-98045-865-8.

Michaels Verlag & Vertrieb GmbH
Ammergauer Str. 80 - 86971 Peiting, Tel.: 08861-59018
Fax: 08861-67091, e-mail: info@michaelsverlag.de
Internet: www.michaelsverlag.de

Ulrich Heerd
Der Anfang
EUR 9,50 ISBN: 978-3-89539-298-6 (Paperback)
Der Autor erzählt von der „Mitte der Nacht" und beschreibt seine persönliche „Einweihung". Er schildert uns seine Begegnung mit einer Wesenheit, die er „Maria Sophia" nennt, und an ihrer Hand durchschreitet er die Sternensphäre, um am „See ihrer Augen kniend" den Urbeginn der Schöpfung zu sehen.
Das Buch hat nicht den Anspruch, letzte Wahrheiten zu verkünden, „denn der Welt ist nicht Not an Antworten. Der Welt mangelt es an wirklichen Fragen."

Arthur M. Miller
Das Büchlein vom reinen Leben
EUR 11,00 ISBN: 978-3-925051-01-2 (Leinen gebunden)
Dieses Buch ist ein Schulungsweg, es ist ein fast kindlich anmutendes Werk, eine Meditation über die Reinheit. Einfach in der Sprache weckt es die „gute Seite" in den Seelen der LeserInnen.
Ein liebenswertes Büchlein über die Einfachheit, die Einheit und die Reinheit. Ein Buch, das die tiefsten Seelenschichten anspricht und vor dessen Klarheit sich kein Leser verschließen kann.

Arthur M. Miller
Büchlein wider die Schwermut
EUR 12,80 ISBN: 978-3-89539-493-5

Es ist für uns als Verlag eine große Freude nach dem „Büchlein vom reinen Leben" ein weiteres Werk von Arthur Maximilian Miller veröffentlichen zu dürfen.
Das Buch: „Büchlein wider die Schwermut" ist eine meditative Betrachtung über die Schwermut und wie wir sie wandeln können. Ein Text der aufmerksame Herzen verdient.

Michaels Verlag & Vertrieb GmbH
Ammergauer Str. 80 - 86971 Peiting, Tel.: 08861-59018
Fax: 08861-67091, e-mail: info@michaelsverlag.de
Internet: www.michaelsverlag.de

Gerhard Leukroth
Turmalin - Stein des Herzens und der Seele
EUR 29,90, ISBN: 978-3-89539-174-3 Hardcover
Auf faszinierende Weise erfahren Sie, was Sie von der mineralogischen Enstehung des Turmalin lernen können, um den in Ihnen selbst liegenden edelsten Stein ans Tageslicht zu fördern: deb Stein der Weisen, das wahre Selbst.l
Gerhard Leukroth vergleicht die mineralogischen Entwicklungsstufen des Turmalin mit den seelischen des Menschen, um aufzuzeigen, dass sie den Stufen des alchemistischen Einweihungsweges entsprechen. Dabei können Sie Ihren momentanen Entwicklun gsstand ermitteln, um ihn bewusst in eine ganzheitliche Richtung zu lenken.

Golden Life
Euro 18,00
ISBN 978-3-89539-192-7

Best of Life
Euro 18,00
ISBN 978-3-89539-185-9

Best of Life II
Euro 18,00
ISBN 978-3-89539-193-4

Die schönsten Entspannungsmusiken der letzten Jahre in neuer, bester digitaler Klangqualität.
Der Mentalexperte Nr. 1 in Deutschland, Prof. Kurt Tepperwein: „ Die Musik berührt die Menschen auf tiefen, seelischen Ebenen. Man spürt sofort die heilende und harmonisierende Schwingung im Raum. Die Musik bewirkt bei den Hörern wahre Wunder bei Anspannung und Stress.

Michaels Verlag & Vertrieb GmbH
Ammergauer Str. 80 - 86971 Peiting, Tel.: 08861-59018
Fax: 08861-67091, e-mail: info@michaelsverlag.de
Internet: www.michaelsverlag.de

Tepperwein / Aeschbacher
Von der Sprachlosigkeit in Beziehungen
Euro 24.90 ISBN 978-3-89539-202-3

Dieses Buch verwebt auf meisterhafte Art und Weise Tiefenpsychologie mit Gesetzen der praktischen Lebensführung, Rhetorik mit unbewussten geistigen Gesetzmäßigkeiten. Beziehung ist ein Lernspiel. Das Buch erklärt die Regeln, nach denen das Spiel abläuft.
Hier wird kein Blatt vor den Mund genommen. Zugleich bedient sich die Sprache der Autoren eines gehobenen Niveaus, das nie die Fassung verliert.

Tepperwein / Aeschbacher
Die Kraft der Intuition - Die geistigen Gesetze
Euro 21.90 ISBN 978-3-89539-204-7

Das Buch kann Ihr Leben verändern!
Geht es doch um die Grundfragen des Lebens und eine faszinierende Möglichkeit, Ihr Leben neu zu gestalten: erfolgreicher, harmonischer, glücklicher und liebevoller.
Könnten Sie sich vorstellen, jahrelang blind durch das Leben geirrt zu sein und plötzlich sehen zu können?
Das Buch lädt Sie ein, die Augen zu öffnen und Ihr Leben im Licht zu führen.

Tepperwein / Aeschbacher
Der Mann in den Jahren
Euro 24.90 ISBN 978-3-89539-203-0

Dem Leser öffnet sich durch das Studium dieses Buches die Türe zu einem völlig neuen Umgang mit sich selber und mit seinen Mitmenschen in seiner Eigenschaft als Mann.
Hierfür bedient es sich detaillierter Übungen, praxisnaher Rezepte aber auch klassischer Weisheitslehren, die hier in einem völlig neuen Gewand präsentiert werden.
Frauen, die ihre Männer besser verstehen wollen, erhalten hier wertvolle Tipps, um auch ihren Froschkönig in einen Prinzen zu verwandeln.

Michaels Verlag & Vertrieb GmbH
Ammergauer Str. 80 - 86971 Peiting, Tel.: 08861-59018
Fax: 08861-67091, e-mail: info@michaelsverlag.de
Internet: www.michaelsverlag.de

Die Zeitschrift für neue Wege in Wissenschaft, Politik und Kultur.
MATRIX3000
Einzelheft: EUR 6,50; Abo (6 Ausg.):
 Inland: EUR 39,00
 Ausland: EUR 48,00

Eine verbindende Brücke
... zwischen Wissenschaft und Spiritualität zu bauen und den Horizont für neue Erkenntnisse zu öffnen, ist das erklärte Ziel der Zeitschrift Matrix3000. Themen- und Autorenauswahl zeigen das breite Spektrum, das seit 1999 behandelt wurde. Die Redaktion wird von Dagmar Neubronner geleitet.

Neue Wissenschaft
Levitationsforschung, Antigravitation, morphische Felder, Flanagan-Forschung, Phänomenales von Erde und Mensch, Nanometrie...
Therapie und Gesundheit
Radionik, Germanium, Ecotherapie, Familienaufstellungen, Impfen und homöop. Alternativen, Klangtherapie, micraVision, Megamin, Ritalin ...
Macht und Schatten
Bewußtseinskontrolle, Zinswirtschaft, Strahlencocktail à la Handy, e-commerce mit Hintertür, Kinderdroge Ritalin, Berliner "Glücks"frequenzen...
Kulturelle Wurzeln
germanische Edda, Mayaforschung und Atlantissuche, Keltenschanzen, Kaspar Hauser, Schamanismus, Hermes Trismegistos...
Bewußtsein und Spiritualität
Meditationen zum Tarot und christliche Hermetik, Magie, Hl. Geometrie, organisches Handeln, Sphären der Obertonmusik, Geomantie...